KB206179

케임브리지 7인

———

The Cambridge Seven

The Cambridge Seven

—

John Pollock

케임브리지 7인

존 폴락 지음

EgP

케임브리지 7인

1987년 6월 25일 초판 1쇄 발행
2005년 5월 20일 2판 3쇄 발행
2010년 8월 01일 3판 2쇄 발행
2016년 7월 18일 4판 1쇄 발행

지은이 | 존 폴락
옮긴이 | (사)기독대학인회(ESF)
발행처 | (사)기독대학인회 출판부(ESP)

편집인 | 유정훈
표지디자인 | 장윤주
편집디자인 | 김수영

(사)기독대학인회 출판부(ESP)
서울시 강북구 덕릉로 77
Tel 02) 989-3476~7 | Fax 02) 989-3385

006 | 머리말
008 | 추천의 글
012 | 저자 서문
016 | 케임브리지 7인 소개

021   1. 트리니티 대학 신입생
035   2. 케임브리지 대표선수
043   3. 형제들
063   4. 기도의 사람
071   5. 이방 먼 곳으로
091   6. 크리켓 대표 선수
107   7. 횃불은 타오르다
127   8. 번져가는 불길
143   9. 꺼지지 않는 불길

153 | 에필로그
164 | 참고자료

또 다른 7인을 기대함

케임브리지 7인은 젊고 유능한 청년들이었으며, 대부분 당시의 상류 계층에 속한 이들이었고, 그들의 장래가 보장된 사람들이었습니다. 그래서 그들이 온전한 하나님의 도구가 되기까지는 계속되는 내적 갈등을 겪어야 했고, 동역자들의 위로와 격려가 필요했습니다. 때론 얼굴도 모르는 이들의 간절한 기도도 필요했습니다. 무엇보다도, 그들은 하나님 앞에서 자신들의 소명에 대한 확신을 얻고자 기도와 말씀의 능력을 덧입어야 했으며, 끊임없는 연단의 과정을 통하여 준비되었습니다. 이렇듯 섬세한 손길로 그들은 다듬어졌고, 주님은 마침내 위대한 선교역사에서 그들을 놀랍게 사용하셨습니다.

'케임브리지 7인'은 '거룩한 포기와 희생'의 의미를 잘 보여주는 책입니다. 하나님의 위대한 뜻을 위해 자신들의 야망과 권리를 기꺼이 포기한 '케임브리지 7인'의 모범은 한국교회에 큰 울림이 될 것입니다. 주님은 한국 교회를 통하여 전 세계에서 2번째로 선교사를 많이 파송한 나라, 선교한국이 되게 하셨습니다. 그러나 불행히도 그 넘치는 은혜 속에서 우리의 교회와 청년들은 점점 자기 야망과 권리를 찾는 것에 몰두하는 양상을 보이고 있습니다. '하나님 앞에서'의 자기를 갱신하고 분투하는 '삶의 자리'가 없는 듯 보입니다. 선교의 자리에 나아가는데 필요한 '몰이해'와 '거룩한 고난'에는 무관심하면서, 선교현장에서는 '영광의 면류관'만 찾음으로써 심각한 문제들이 돌출되고 있는 현실입니다. 이러한 현실을 일깨울 큰 울림이 '케임브리지 7인' 안에 있습니다. 그들의 단순하고 짧은 삶들의 깊은 울림은 우리 안에서 경고와 도전을 줄 것입니다. 이것이 이 책을 펴내는 동기이며, 우리가 기대하는 바입니다.

'케임브리지 7인'은 우선적으로 이 땅의 청년대학생들이 예수 그리스도의 주 되심을 확신하고, 하나님의 위대한 뜻에 헌신하는 데 도움이 되기 원합니다. 또한 선교분야에 헌신한 분들이 자신의 소명이 흔들릴 때, 선교의 자리에서 감당할 수 없는 고난과 어려움에 부딪칠 때 '케임브리지 7인'이 주는 위로와 격려를 받을 수 있기를 소망합니다.

'케임브리지 7인'을 한국 오엠에프(OMF)와 공동으로 발간하게 되어 기쁩니다. 이번에 백학수 목사님의 도움을 받아 필요한 부분들을 새롭게 개정하여 출간하게 되었습니다.

'케임브리지 7인'을 통하여 '또 다른 7인'이 헌신되고, 준비되어 하나님께 쓰임 받을 수 있기를 간절히 기도합니다.

ESF 대표_김성희

이 시대를 사는 젊은이들을 위해

'케임브리지 7인(The Cambridge Seven)은 1885년 중국을 향해 나아간 일곱 젊은이들에 관한 이야기이다. 케임브리지 대학을 다니던 이 청년들은 당시 대학 안에서 시작된 부흥운동을 통해 해외선교에 헌신하게 되었다. 그리고 중국 선교사로 가는 과정에서 전국을 다니며 젊은이들에게 세계선교에 대한 비전을 제시하고 복음전도에 대한 헌신을 강조했다. 특히 그들은 좋은 가문 출신이었고, 명문 케임브리지 대학에서도 리더의 위치에 있었다. 그들은 세상의 영화와 명성을 뒤로하고 오직 복음을 위해 자신의 인생을 하나님께 드렸다. 이러한 그들의 삶은 영국 전역에 커다란 부흥과 선교의 역사를 이루기에 충분했다.

당시 그들의 헌신은 케임브리지 대학생들뿐 아니라 영국사회 전반에 커다란 영향을 주었다. 나아가 1886년부터 미국에서 시작된 학생자원운동(SVM. Student Volunteer Movement)의 시작에 결정적인 영향을 끼쳤다. 학생자원운동을 통해 1930년대까지 10만명의 선교자원이 발굴되었고 그 중 2만5백 여명이 해외선교사로 나가는 놀라운 역사가 일어났다. 그들로 인해 영국과 미국에 기독대학생운동이 일어났고 이것이 전 세계적인 기독대학생운동으로 발전하게 된 것이다.

역사를 바라 볼 때 하나님께서는 늘 젊은이들의 헌신을 통해 놀라운 일들을 이루어 오셨다. 젊은이들만이 소유할 수 있는 열정과 진리에 대한 헌신이 있기 때문이다. 또한, 이들에게는 가치 있는 삶 전체를 드릴 수 있는 용기가 있다. 세계 기독교 역사, 특히 선교역사는 이러한 젊은이들에 의해 진행되어 왔고, 앞으로도 일어날 것이다.

이 책을 읽을 때마다 케임브리지 7인이 하나님께 자신을 전적으로 드리며 겪었던 갈등과 도전이 너무도 생생히 전달되어 온다. 영원한 가치를 위해 자신을 드릴 수 있는 많은 젊은이들 때문에 오늘도 우리에게는 희망이 있음을 이 책을 통해 다시 한번 깨닫는다. 당시에는 몇몇 젊은이들의 헌신이었지만 그 결과는 세계선교를 향한 전 세계적인 변화를 이끄는 역사의 출발점이 되었다. 그것이 하나님이 역사하시는 방법이다.

오늘날 한국의 젊은 기독대학생들 가운데서도 '케임브리지 7인'과 같은 이들이 일어나길 바라며, 이것을 오랫동안 소망해 왔던 학생기독운동가의 한 사람으로 본 책이 OMF선교회와 ESP출판사에 의해 새롭게 출간된 것을 기쁘게 생각한다. 그리고 온 마음으로 추천한다. 이 시대의 젊은이들을 위해 단 한 권의 책을 추천하라고 한다면 나는 주저 없이 이 책을 내밀 것이다.

미션파트너스 상임대표_한철호

지상명령 성취를 위한 한걸음

우리가 지상 명령에 헌신할 때 어떤 일이 일어나는지 우리는 잘 모른다. 하지만 하나님께서 우리를 사용하시면 세상을 변화시킬 수 있다.

1885년 영국은 몇 명의 젊은이들로 인해서 발칵 뒤집혔다. 이들은 당대에 모든 이들이 부러워하는 것들을 가진 사람들이었다. 케임브리지라고 하는 명문 대학에서 수학했고, 귀족이거나 적어도 영국의 상류 사회 출신들이었다. 공부뿐만 아니라 스포츠 등에서도 두각을 나타내어 많은 사람들의 부러움을 사는 이들이었다. 하지만 그들은 본국에서 보장된 것들을 놓아두고 중국내지선교회 소속 선교사로 그 당시 서구 사회에서 가장 먼 극동의 중국으로 파송된 것이다. 이들을 후대 사람들은 케임브리지 7인이라고 부른다.

당시 아직 복음에 대해서 닫혀 있던 잠자는 거인 중국은 이들을 영국에서 만큼 열렬히 환영하지 않았다. 오히려 이들이 어떤 사람이라는 것도 모른 채 양귀(洋鬼:서양 귀신이라는 뜻으로, 중국 사람들은 자신들과 너무나도 다른 외모를 가진 서양 선교사들을 이렇게 불렀다.)로 취급해 버렸다. 마치 이 세상을 만드신 예수님이 '자기 땅에 오셨지만 사람들이 영접지 아니하였다'고 한 것처럼…

이들은 중국에 오기 위해 몇 개월에 걸쳐 여행하는 것도 부족하여,

그들의 말을 배우고 그들의 문화를 익혔다. 자신들에게 익숙한 옷을 벗어버리고 중국 사람들의 옷을 입었다. 뒷머리는 길러서 따고, 앞머리는 밀어버리는 변발도 따라했다. 노란 머리를 가리기 위해 많은 이들이 자신의 금발 머리를 검게 염색하기도 했다. 이렇게 철저히 중국인으로 자신을 동일시했다. 그 결과 이들이 복음을 전하고 떠난 후에 중국의 교회는 가혹한 시련을 견디고 오늘날 1억의 성도를 가지는 부흥을 경험하게 되었다.

이들의 삶은 중국에서만 아니라 다른 선교사 파송 국가에 엄청난 파장을 가져왔다. 이들이 중국으로 떠난 다음 해부터 미국은 대학생을 중심으로 하는 선교 운동이 일어나게 되었으며, 나중에 이 운동은 학생자원운동(SVM)이라는 것으로 발전하여 미국 교회가 수만 명의 선교사를 파송하는 견인차 역할을 하였고, IVF 학생 단체의 설립에도 지대한 영향을 주게 된다.

케임브리지 7인이 이런 일을 계획한 것은 아니었다. 아브라함이 갈 바를 알지 못하고 하나님이 가라고 하는 곳을 향하여 간 것처럼 이들도 중국으로 떠났을 뿐이다. 하지만 하나님은 자신을 믿고 따르는 이들을 사용하셔서 놀라운 일을 하신 것이다.

이미 ESP에서 발간한 바 있는 이 책을 이번에 한국 OMF(중국내지선교회 후신)와 공동으로 발간하게 되어서 기쁘다. 선교에 관심 있는 사람들은 물론이고 자신의 삶이 하나님께 드려졌을 때 어떤 일이 일어날까에 대해서 관심 있는 분들 모두에게 일독을 권한다.

OMF 동원담당 디렉터_ 손창남

1885년 이른 어느 날, 런던의 습한 겨울밤이었다. 스트렌드(Strand)
는 엑세터홀(Exeter Hall)로 모이는 수많은 마차들로 붐비고 있었다.

  3백 명을 수용할 수 있는 넓은 홀은 각 계층, 남녀노소를 불문하
고 순식간에 채워지고 있었다. 비단옷과 보석들로 치장한 귀부인들,
그들을 태워 벨그라비아(Belgravia)나 메이페어(Mayfair)로 돌아가려
고 대기하는 마차들과 꽃파는 소녀들, 동부지역의 슬럼가에서 도보
로 모여든 검은색의 평범한 옷을 걸친 여공에 이르기까지 다양한 사
람들로 붐비고 있었다. 단정한 도시 청년들이 황갈색 옷을 입은 점
원들과 언뜻 보기에는 음악홀을 마치 제 집처럼 휘젓고 다니는 기분
좋은 한량들 옆에 앉아 있었다.

  강단에는 40명의 케임브리지에 재학 중인 대학생들이 있었다. 그
들 머리 위로는 홀 한 쪽 벽면을 가득 채운 중국 지도가 펼쳐졌고,
탁자에는 중국어판 신약 성경이 몇 권 놓여 있었다.

  정각을 알리는 종소리에 맞춰 위원장을 필두로 일곱 명의 젊은 청
년들이 뒤따라 들어왔다. 재학생들보다는 다소 나이 들어보였지만
옷차림이나 몸가짐으로 보아, 모두 교육을 잘 받고 지위도 상당한
게 분명했다. 기도와 찬송을 시작으로 잠시 소개의 말이 있었다. 그
후, 당시에도 '케임브리지 7인'으로 불렸던 그들은 차례로 일어나 구
름같이 모여든 군중들에게 왜 자신들이 다음날 영국을 떠나 중국 내

륙의 선교사로 가기로 결심했는지를 이야기했다.

렙턴 스쿨과 트리니티 대학에서 공부했으며 케임브리지의 조정팀 선수였던 스탠리 스미스(Stanley Smith), 마찬가지로 트리니티 대학에서 공부한 준남작의 아들 몬타큐 비첨(Montagu Beauchamp), 육군 소장의 아들이자 최근까지 포병대 중위를 지냈던 D.E. 호스트(D.E. Hoste), 렙턴과 세인트 존스에서 공부했고 영국 국교회의 부목사이던 W.W. 캐슬(W.W. Cassels), 그리고 다른 사람들과 합류하기 위해 제 2근위 용기병에서 직위를 사임한 이튼칼리지(Eton college)의 동문인 세실 폴힐 터너(Cecil Polhill-Turner), 세실의 동생이며 이튼 칼리지와 트리니티홀에서 공부한 아더 폴힐 터너(Arthur Polhill-Turner), 마지막으로 이튼칼리지와 마찬가지로 케임브리지 출신이며 당대 영국 최고의 크리켓 선수로 이름을 날린 C.T 스터드(C.T Studd). 이들은 한 사람씩 차례로 지난 1년 혹은 18개월 동안 하나님께서 어떻게 자신들을 부르셨고 유려한 경력을 포기하고 해외 선교활동에 자신을 드리도록 하셨는지 간증했다.

'케임브리지 7인'은 사회적 지위와 스포츠 실력을 중시하던 그 시대를 강력한 힘으로 일깨웠다. 1세기가 지난 지금에 와서도 그들이 모이게 된 과정은 우리에게 시사하는 바가 있다. 하나님께서 사람의 영혼(Soul)에 이루시는 역사는 늘 시대를 초월하는 가치가 있다. 특별히 '케임브리지 7인'은 은혜 안에서의 성장과 하나님의 전임사역으로 부르심에 대한 특별한 증거를 보여준다. 나아가 1885년의 이 사건은 전 세계 대학생 복음운동사에 지대한 영향을 미치고 있다.

‘케임브리지 7인’은 미국의 복음전도자 무디(D.L Moody)의 사역으로 영국이 깊은 영적 침체에서 벗어나 점차적으로 깨어나기 시작하던 때에 일어났다. 그로부터 70년 후, 이 책이 처음으로 출판된 1955년에는 또 다른 미국인 복음전도자 빌리 그래함의 사역으로 케임브리지 대학과 전 영국은 다시 한 번 새롭게 되었다.

그로부터 30년 후, ‘케임브리지 7인’ 100주년 기념식이 있었다. 그 전에 있었던 선교영국 1985년 대회에서는 그리스도께 헌신하자는 빌리 그래함의 도전에 9만 7천여 명이 응답했고, 그 중에 수천 명의 청년들이 있었다.

그러므로 이 책의 개정판은 매우 시기적절한 일이다. 몇몇 부분은 새로 고쳐 썼으며, 1955년도 판에는 없던 당시 편지들을 몇 통 추가했다. 중국 내지선교회(CIM, China Inland Mission)가 설립됨에 따라 이 책을 출판하도록 도와주신 OMF(Overseas Missionary Fellowship)와 특별히 A.J. 브룸홀(Broomhall) 박사께 감사드린다. 그는 CIM-OMF의 선교사였으며 중국내지선교회 설립자인 허드슨 테일러의 전기를 집필하였다. 그는 나를 위해 기록 보관소에서 케임브리지 7인에 대한 기록들을 찾아주었을 뿐 아니라 조언을 아끼지 않았다.

초판의 책 서문에서 나는 이렇게 쓴 바 있다. ‘비록 중국선교의 문이 닫힌다 하더라도 지금 중국 안에 그리스도의 증인들이 없는 것은 아니지만 다른 땅에 복음의 문이 열리게 되어 고국은 추수를 기다리게 될 것이다.’ 당시 핍박받던 서구 출신 선교사들은 거의 철수했으며, 그로부터 3년이 지난 다음 중국 땅에 남았던 허드슨 테일러와 케임브리지 7인 그리고 수많은 동역자들이 남긴 성과는 그들의 헌신과 희생에 비해 너무도 적어 보였다. 그렇지만 그로부터 30년, 케임브리지 7인이 일어난 이후, 약 1세기가 된 오늘날, 세상이 다 알 듯 중국 땅에 있는 기독교회는 여전히 생존할 뿐 아니라 수적인 면에서도 크게 성장해 가고 있다.

비첨, 몬타규 해리 프록터

Beauchamp, Montagu Harry Proctor

1860년 4월 19일 출생. 준남작 토마스 프록터 비첨 경(1874년 사망)과 혼 캐롤린 왈더그레이브(Hon Caroline Waldegrave-남작 래드스톡 2세의 막내딸) 사이에서 넷째 아들로 런던에서 태어났다.

랩턴 스쿨(Repton School)을 거쳐 트리니티 칼리지(Trinity College)에 1879년 입학, 1883년 졸업했다. 1883년 리들리홀(Ridley Hall)에서 신학교육을 받았다.

호스트, 딕슨 에드워드

Hoste, Dixon Edward

1861년 7월 23일 출생. 육군 소장인 딕슨 에드워드 호스트(Dixon Edward Hoste)와 메리 스코트(Mary Scott) 사이에서 둘째 아들로 태어났다.

클립턴 칼리지(Clifton College)와 울위치(Woolwich)에 있는 왕립 육군사관학교(Royal Military Academy)에서 수학했다. 1879년 왕실포병연대(Royal Artillery) 소위로 임관하여 1882년에 중위로 진급했다.

캐슬, 윌리엄 와튼

Cassels, William Wharton

1859년 3월 11일 출생, 포르투칼 오포르토 (Oporto, Portugal) 출신의 존 캐슬(1869년 사망)과 에테린다 콕스(Ethelinda Cox) 사이에서 막내아들로 태어났다.

렙턴 스쿨을 거쳐 케임브리지의 세인트 존스 칼리지(St, John's College)에 1877년 입학, 1880년 졸업했다. 1882년에 영국성공회의 부제(사제가 되기 전의 성직)가 되었고, 1883년에 영국성공회의 사제가 되었다. 1882~1884년 올세인트(All Saints) 교회에서 사역했다.

스터드, 찰스 토마스

Studd, Charles Thomas

1860년 12월 2일 출생. 에드워드 스터드(1877년 사망)와 도로시 토마스 사이에서 셋째 아들로 런던에서 태어났다.

이튼 칼리지를 거쳐 케임브리지의 트리니티 칼리지에 1879년 입학, 1884년에 졸업했다.

폴힐-터너, 아더 트위스텔튼

Polhill-Turner, Arther Twistleton

 1863년 2월 7일 출생, 예비역 대위인 프레드릭 찰스 폴힐-터너(1881년 사망)와 에밀리 윈스턴 바론(Emily Winston Barron) 사이에서 셋째 아들로 베드포드(Bedford)에서 태어났다.

이튼 칼리지(Eton College, 영국의 사립고교-옮긴이)를 거쳐 케임브리지의 트리니티홀(Trinity Hall)에 1880년 입학, 1884년 졸업했다. 1884년에 리들리 홀(Ridley Hall)에서 신학교육을 받았다.

스미스, 스탠리 페러그린

Smith, Stanly Peregrine

 1861년 3월 19일 출생. 왕립협회 정회원(FRCS)인 해리 스미스와 엘리스 언더우드(Alice Underwood) 사이에서 막내로 런던에서 태어났다.

렙턴 스쿨을 거쳐 케임브리지 트리니티 칼리지에 1879년 입학, 1882년 졸업했다.

폴힐-터너, 세실 헨리

Polhil-Turner, Cecil Henry

 1860년 2월 23일 출생. 폴힐-터너의 둘째 아들로 태어났다.

이튼 칼리지를 거쳐 케임브리지의 지저스 칼리지(Jesus College)에 1879년 입학하였고, 지저스 칼리지를 다니던 중에 군 입대했다. 1880년 베드포드 기마용병대(Bedford Yeomanry)소위로 임관했고, 1881년 제 2근위용기병(The Queen's Bays)에서 근무하다 1884년에 중위로 진급했다.

CAMBRIDGE 7

I

트리니티 대학 신입생

I

트리니티 대학 신입생

스탠리 패러그린 스미스(Stanley Peregrine Smith)가 케임브리지의 트리니티 대학에 입학한 때는 1879년 10월이었다. 그는 호리호리한 체격에 금발이었으며 결의에 찬 듯 입은 굳게 다물고 있었다. 열여덟 살이 넘었지만 그는 다른 신입생들과 달리 곧바로 대학에 들어오지 못했다. 어릴 적부터 앓아온 지병으로 인해 렙턴 스쿨을 일찍 떠나야 했기 때문이다. 그는 1년 동안 쉼을 갖고 자유를 즐겼다.

그의 가정은 조용했으며 남부럽지 않은 기독교 가정이었다. 아버지는 런던의 성공한 외과 의사로, 그의 아들이 성모 동상이 있는 마켓 페시지(Market Passeage)에 정착한 이후로 아들과 함께 무릎 꿇고 기도하는 것을 생각해 본적이 없었다. 스미스의 기억에 의하면 '주님을 영접한 것'은 그의 나이 13세 되던 1874년, 이스트본(Eastbourne)에서 미국인 순회 설교자 무디(D.L. Moody)의 설교를 들었을 때였다. 당시 무디는 스코틀랜드 전역을 새롭게 했으며, 런던에 앞서 지방 소도시에서부터 설교를 시작했다. 2년 후, 렙턴 고등학교에서 스미스는 그랜빌 왈더그레이브(Granville Waldegrave)라는 상급생이 이끄는 기도와 성경공부 소모임에 참석하곤 했다. 이 모임을 통해 그는 영국 국교회의 목사가 될 것을 결심했지만, 1879년까지 그의 신앙은 선한 의지를 따라 살아가기에는 너무나 무기력했다.

그는 하루도 빠지지 않고 줄곧 일기를 썼다. 1878~9년의 춥고 긴 겨울에 스케이트를 많이 탔던 일, 여름에 즐겼던 새로운 경기 종목인 잔디밭 테니스 경기, 보트와 수영과 자전거 탄 이야기, 아버지께 받은 선물 등 사소한 일부터 자랑스러웠던 기억들까지 하나하나 써 내려갔다. 그러나 영적 생활에 관해서는 '궁핍하고', '만족스럽지 않고', '매우 가엾고', '성장이 몹시 더디고', '그리스도인 답지 않은 성품' 이라느니 '어리석다'와 같은 단어들 밖에 쓸 수 없었다. 게다가 그는 감기 몸살, 흉부염증 그리고 선천성 질환에 시달려야 했다. 그는 육체의 질병과 영적인 부패함 사이에는 서로 연관이 없다고 보았지만, 스스로 느끼는 감정들로 자신의 신앙을 평가해 볼 때 대체로 좋지 않다고 결론지었다.

위와 같은 것들은 그의 일기에서 설명된 것들일 뿐이다. 가족이나 친구들은 그를 상냥할 뿐 아니라 훌륭한 유머 감각을 지닌 낙천적인 사람으로 알고 있었다. 때로는 약간의 의견 충돌이나 논쟁을 일으킨 다거나 분위기에 따라 신경질을 부리기도 했지만, 자기 질병에 대해서는 불평을 늘어놓지 않았으며, 번번히 느껴지는 고통에도 불구하고 게임이나 공부에서 매우 성실한 사람이었다. 그러나 자신은 신앙적으로 실패한 그리스도인임을 스미스는 누구보다 잘 알고 있었다.

케임브리지 대학에서의 처음 몇 주는 소용돌이처럼 바쁘게 지나갔다. 조정 서클에도 가입하고 자전거 클럽에 참가하여 활동하기도 했다. 렙턴 시절의 친구들은 주위에 많이 있었지만, 그중에서도 키가 훤칠하고 건장한 체격의 몬타구 비첨(Montagu Beauchamp)과 각별히 친하게 지냈다. 그는 스미스보다 한 살 위였지만 가장 가까운 친구였고, 트리니티에 진학했다. 그들은 서로의 방에 드나들었고, 올드 코트(Old Court) − 지금은 그레이트 코트(Great Court) − 를 지나서 홀에서 식사하기 위해 모자를 쓰고 겉옷을 입고 함께 걸었다.

비첨의 아버지 토마스 경은 5년 전에 작고했으며, 어머니는 유명한 복음주의자 래드스톡 경(Lord Radstock)의 누이였다. 비첨의 양친은 노포크(Norfolk)에 있는 저택 랭글리 공원(Langley Park)을 크리스천 운동 본부 건물로 제공할 만큼 믿음의 사람들이었다. 이처럼 스미스와 비첨은 공통점이 많았다. 그들은 '성도의 집'(All Saints' Passage) 위층 셋방에서 가졌던 '매일 기도모임'과 최근에 결성된 기독대학인회 모임인 기독연합회(ICCU, Inter Collegiate Christian Union) 주일모임에도 참석하곤 했으며, 또한 빈민가의 주일학교에서 봉사하기도 하였다. 그들 자신의 방에서 그들은 렙턴 집회 분위기를 다시 살리려고 노력하곤 했다.

조정 서클에서 스미스는 또 다른 렙턴 고교 시절 친구 윌리엄 캐슬(Cassels, William)을 만났다. 그는 축구를 잘하는 괜찮은 조정 선수였고, 또한 성직을 위해 필요한 책들을 읽고 있었다. 3학년이었던 그는 조용하고 말이 없는 탓에 "침묵하는 윌리엄"이라고도 불렸다. 그들이 서로 끌리게 된 것은 결코 의리나 기질 때문이 아니었다.

1879년의 케임브리지 대학 재학생들은 대부분 공립학교나 규모가 큰 고전문법학교 출신의 남자들이었다. 여자들도 수강을 할 수는 있었지만 학위를 취득하기는 불가능했다. 스탠리 스미스는 다른 고교출신의 트리니티 신입생들과 쉽게 사귀는 편이었는데, 특히 윌리엄 호스트(William Hoste)와는 각별한 사이였다. 윌리엄 호스트는 클립톤 대학(Clifton College)을 나온 그리스도인으로, 같은 조정 서클의 회원이었다. 스미스가 윌리엄의 동생 딕슨 호스트(D.E. Hoste)를 만났을 당시, 그는 수줍어하고 말이 없는 편이었다. 포병장교로 임관한 지 얼마 안 된 그는 신앙적인 대화에 전혀 관심이 없었다.

스미스는 비첨에게 G.B. 스터드(G.B. Studd)를 소개 받았다. 그는 당시 크리켓 선수로 탁월한 재능을 인정받던 이튼고교 출신의 2학년생이었다. 그의 동생 C.T.스터드(C.T. Studd)는 더욱 뛰어난 크리켓 선수였으며, 자나깨나 크리켓만을 위해 사는 신입생처럼 보였다. 그들의 아버지는 얼마 전에 세상을 떠난 은퇴한 인도출신의 농장주인이었다. 그들의 아버지는 1875년, 무디와 생키(Sankey)의 전도 집회 때 회심한 사람이었다. 이로 인해 스터드 형제는 신앙적인 분위기 속에 자랄 수 있었다. 피아노 주위에 둘러 모일 때면 언제나 생키의 찬송가 두서너 곡 정도는 부를 준비가 되어 있었고, 그럴 때면 으레 한 두 번의 기도가 이어졌다.

C.T. 스터드, 스미스 그리고 비첨, 목사 지망생 캐슬, 포병 장교 D.E. 호스트. 이때 이들이 자신의 미래를 볼 수 있었더라면 스스로도 몹

시 놀랐을 것이다.

대학 첫 학기 동안 스탠리 스미스는 노 젓는 일에 많은 시간을 보냈다. 케임브리지의 축축하고 습한 공기는 그의 폐에 좋지 않았지만, 그는 신입생 조정대회에 참가할 정도로 이 일에 열의를 보였다. 비록 결승전에서 아깝게 패하고 말았지만 스스로는 트리니티의 신입생 조타수 여덟 명 안에 뽑혔다는 사실만으로도 매우 만족스러워 했다. 스미스는 강의를 듣고, 조정경기를 하고, 한두 시간 독서를 하고, 습관적으로 친구들과 어울려서 빈둥거리거나 노래를 하면서, 매일 성경읽기와 기도를 위한 '30분'의 시간을 때때로 잃어버렸다. 그가 그 자신의 방황에서 벗어나고자 노력하면서 주일에 성경 앞에 앉았다면 그 잃어버린 시간들을 보충할 수도 있었을 것이다.

2학기에 접어들면서 스미스는 기도모임에도 발을 끊었고 주일학교 봉사도 종종 빼먹었다. 하지만 여전히 성경을 읽고 기도하는 '30분'은 지키려고 노력했다. 대학 조정 경주에서 그는 여섯 번째 배에서 노를 저었는데 운이 나쁘게도 매일 충돌하기 일쑤였다. 학기를 끝마치는 축제 기간 동안 그는 노래하고 춤추기를 즐기다가 그의 19번째 생일 하루 전, 부활절 휴가를 보내기 위해 집으로 돌아왔다. 봄날에 화창한 날씨 속에 잔디 코트 테니스를 즐기기 위해서였다. 그렇게 성경을 읽고 기도하던 '30분'은 그에게서 사라져 갔고, 내면 깊은 곳의 행복 또한 사라져 갔다.

1880년 4월 8일, 4년 전 소그룹 성경연구 모임을 조직한 적이 있었던 그랜빌 왈더그레이브는 메이페어(Mayfair)의 존스트리트 13번지에 있는 스탠리 스미스를 방문했다.

래드스톡 경의 장남이자 비첨의 사촌이기도 한 왈더그레이브는 2학년까지 트리니티에서 공부하다가 그후 아버지를 따라 러시아에 갔었다. 그의 아버지는 성 페테르부르크(St.Petersburg) 궁정의 공주들과 대공작들 사이에서 성공적인 복음주의 선교를 감당하고 있었다. 러시아에 있는 동안 왈더그레이브는 스미스와 함께 보냈던 두 학기를 자주 그리워하면서 그를 위해 기도하는 것을 잊지 않았다. 오랜만에 만난 두 사람은 세 시간 반 동안 런던의 잘 포장된 길과 공원을 함께 거닐며 이야기 했다. 대화 중 '당신은 더 이상 마음을 다하는 그리스도인이 아니다.' 라는 왈더그레이브 말에 스미스도 동의하지 않을 수 없었다.

다음날 그들은 트위켄햄(Twidkenham)에서 하루 종일 테니스를 즐겼다. 그곳은 스미스의 큰 형 어니스트 스미스(Ernest Smith)가 의사로 일하는 곳이었다. 토요일에 왈더 그레이브, 비첨 그리고 스미스는 함께 케임브리지로 돌아왔다. 왈더 그레이브는 그들과 함께 지내며 기회가 오기만을 기다리고 있었다.

4월 11일 주일, 그날의 시작은 여느 날과 같았다. 스미스는 예배시간 내내 하품을 했고, 예배 후에 비첨은 스미스에게 왈더그레이브와 함께 자신의 방에서 아침식사를 하자고 말했다. 스프와 생선요리, 계란, 김이 모락모락 나는 베이컨을 먹으며 왈더그레이브는 계속해서 기회를 엿보고 있었다. 평소에도 종종 그랬듯이 대화가 점차 무르익자 화제는 신앙에 관한 것으로 자연스레 옮겨갔다. 왈더 그레이브는 그 대화가 일상적인 것으로 머무르는 것을 허락지 않았다. 그들 세 사람은 곧 깊은 대화로 들어갔다. 정오 무렵에 그들은 점심식사를 하려고 스미스의 집으로 장소를 옮겼다. 스미스는 피아노를 연주하며 멋진 목소리로 찬송을 불렀고 그들과 함께 가사를 묵상하기도 했다. 4월의 어느 주일에 있었던 이날의 대화가 비첨에게는 자연스러운 것이었지만 스미스에게는 전혀 다른 것이었다. 이날의 대화를 통해 그에게 새로운 시대가 열리고 있었던 것이다.

약 6년 전, 무디의 설교를 듣던 중에 스미스는 복음에 대한 몇 가지 사실들을 깨달았다. 그는 그리스도께서 십자가에 못 박히신 것은 범죄한 인간을 하나님께로 인도하여 의인 삼기 위함이며, 그분은 모든 사람들이 부활하신 구주를 개인적으로 믿고 그 마음을 성령님께 열도록 부름 받았다는 것을 깨달았다. 당시 스미스는 자신의 일기장에 이렇게 기록했다. '하나님의 은혜로 나는 그리스도를 영접할 수 있었다. 제한된 시간 안에서든 영원에서든 그 무엇도 거듭남의 사실을 부인할 수 없을뿐더러, 나 스미스를 우리 주 예수 안에 있는 하나님의 사랑으로부터 끊을 수 없다.' 그러나 그리스도께 대한 열세 살 앳된 소년의 성급한 반응은 일시적인 것이었고 해가 지나면서 점차 약해져만 갔던 것이다.

1874년에 그는 모든 생을 그리스도께 드리기로 결심했지만 1880년까지 숱하게 그 결심을 번복했다. 결국 지금에 와서는 마음에 두 주인을 섬기기에 이르렀다. 그의 마음에는 자기중심이 자리하고 있었고, 비록 내키지는 않지만 자신을 구원하신 주님께 영광을 돌려야 한다는 것을 잊을 수 없었다.

왈더그레이브는 비첨이 듣고 있는 가운데 스미스에게 이렇게 말해 주었다. "그리스도께서는 승천하실 때에 '내가 세상 끝날까지 항상 너희와 함께하리라'고 약속하셨으나 전적으로 자신의 모든 것 ─ 지성, 의지, 감정, 행동 등 ─ 을 그리스도께 내어드리지 않으면 성령께서 그 내면에 구원의 그 기쁨을 회복하실 수 없고, 유혹을 이길 힘도 얻지 못할 것입니다. 당신을 위해 그리스도 안에서 하나님이 자신을 내어 주신 것처럼 당신도 주저없이 모든 것을 드려야 합니다."

스미스는 드디어 눈을 뜨게 되었다. 그날 저녁, 그는 이렇게 기록하고 있다. '나는 결심했다. 하나님의 은혜로만, 하나님을 위해서만 살아가리라.' 부모님과 왈더그레이브의 기도, 그리고 무엇보다 스미스 자신의 회개와 겸손을 통해 하나님은 그에게 기꺼이 응답하셨다.

결과는 놀라왔다. 예배 후 세 사람은 차를 마시기 위해 왈더그레이브의 집으로 다시 장소를 옮겼다. 거기서 그들은 또 다른 즐거운 모임을 가졌다. '왈더그레이브를 보내주신 하나님, 감사합니다.' 스미스는 잠자리에 들기 전, 윌리엄 호스트에게 달려가 조금 전까지 있었던 일들을 말해 주었다.

며칠이 지나자 북돋았던 신앙이 다시 약해지기도 했으나 왈더그레이브가 함께하며 계속해서 그를 도왔다. 첫 몇 주간에는 하루에 두세 번씩 만나 성경을 읽고 기도하는 짧은 시간을 가졌는데, 스미스는 이 시간이 매우 즐거웠다. 그는 휴대용 포켓 성경을 하나 구입했다. 무미건조하고 딱딱했던 그의 '30분'이 변하여 살아있는 책 속을 탐험하는 흥미진진한 여행처럼 느껴졌다. 게다가 힘겨운 일에 부딪쳤을 때 더 이상 의기소침해지지 않는 것을 보며 스스로 놀라게 되었다.

자신이 기쁘게 해 드리려고 노력했던, 멀리 있는 분으로만 여겼던 그리스도께서 이제는 일을 할 때나 운동을 할 때도 그의 곁에 동행하는 친구가 되어 주셨다. 스미스는 조정서클에서 네 번째 배를 맡게 되었다. 약했던 그의 폐가 여전히 약해서 훈련이 힘들었지만, 5월 캐서린 대학과의 경주는 즐거웠고 마지막 날에 기쁘게도 승리했다. 오직 하나님께서 그에게 힘 주셨음을 알기에 그는 하나님께 감사를 드렸다.

그러나 긴 방학이 시작되면서 얼마 지나지 않아 그는 다시 영적으로 불안감을 느끼게 되었다. 그러던 어느 날 런던 북부에서 있었던 한 회의에서 그는 에드워드 클리포드 (Edward Clifford)라는 유명한 초상화가를 만났다. 그는 나중에 영국 구세군 창설에 깊이 개입하게 될 인물이었다. 클리포드는 한눈에 이 케임브리지 청년이 열정은 있으나 머뭇거리고 있는 상태임을 발견하였다. 그리고 그에게는 그리스도에게 헌신할 길을 열어줄 무언가가 필요하다고 생각했다. 그래서 스미스를 동부(East End)슬럼가의 선교센터에 있는 F.N. 차링톤(F.N Charrington)에게 데려갔다. 차링톤은 스테프니(Stepney)에 있는 양조업자의 아들이었는데, 절대 술을 입에 대지 않아 사회에 충격을 주었고, 자비를 들여 양조장 근처에 금주 선교단체를 설립했다.

그곳에서 스미스는 처음으로 대중 앞에서 기도했다. 그 다음날 스미스는 또한 처음으로 금주 홀 뒤편에 있는 버려진 공터에서 진행된 클리포트 야외집회에서 설교했다. 가족끼리 테니스를 치려고 왔거나 나무로 새롭게 단장한 공원 길로 자전거 타러 온 사람들, 강가로 소풍을 가던 사람들이 퍼붓는 비 때문에 그곳으로 모여들었다. 거기서 그는 사람들과 대화하거나 소책자를 나눠주고 기도하며 분주한 2주간을 보냈다.

그리스도인으로서의 봉사에 대한 열정이 그를 사로잡았다. 래드스톡 경이나 클리포트 그리고 차링톤 등이 사람들에게 '여러분의 삶을 그리스도께 맡기라.'고 권면할 때, 스미스는 '영혼들이 거듭나기를' 전심으로 기도했다. 그는 자기의 소명이 그런 사역에 있다고 확신하고 있었다. 그의 마음이 점차 가난한 사람들, 거지, 주정뱅이와 같은 소외된 사람들에게로 향하면서 절대 술을 먹지 않게 되었고 담배도 끊어 버렸다. 당시 담배를 끊는 것은 오히려 이상하게 보일 수 있었는데 이유는 흡연이 건강을 해친다는 사실이 알려지기 전이었기 때문이다.

빈민촌 사역과 야외 설교사역은 희생이 아니었다. 그의 동료들은 동년배나 선배들 - 클리포드, 래드스톡, 킨토르 경(Lord Kintore), 아벨(Abel) 등 - 이었다. 만약 그것이 밤 늦도록 일하는 것이었다면, 스탠리가 아침식사에 늦은 것 처럼 그것은 밤 늦도록 고생하는 존 스트리트(John Street)의 종들이었다. 그러던 어느 날 평소 마음으로 존경해 왔던 차링톤이 신자들의 침례에 스미스가 헌신할 것을 권유했다. 반면에 스미스의 가족이나 본인은 영국성공회의 목사로 안수 받길 원했다.

이틀 후 스미스는 클리포드의 소개로 미스 다니엘의 군인들의 집(Soldiers' Home, 퇴역군인의 보호 및 구제와 폐병환자 수용을 위한 시설 - 옮긴이)에서 알더숏트(Aldershot)를 만났다. 클리포드가 그에게 봉사하는 기쁨을 맛보게 했다면, 알더숏트는 그에게 전도의 경이로운 세계를 열어 주었다. 스미스는 사람들과 자연스레 말하게 되었고, 대여섯 명의 병사들이 그의 말을 듣고는 주님을 위해 살겠다고 결심하는 일도 있었다. 그로부터 며칠 후, 자신의 말을 듣고 회심한 한 소총수에게서 감사의 마음을 담은 편지를 받았다. 그의 마음은 이루 말할 수 없는 기쁨으로 넘쳐났다.

이렇게 그의 신앙은 불일 듯 타올랐다. 모든 것이 순조롭게 보였다. 계속되는 옥외 집회, 병원 방문 그리고 지역 가정 회의에 참석하면서 영적 생활의 깊이가 더해가는 것 같았다.

그때 그에게 새로운 헌신이 기다리고 있었다. 날이 갈수록 스미스의 마음 속에서는 대학을 그만 두고 당장 선교사로 나가고 싶은 충동이 강렬히 일어났다. 그렇다고 마음 속에 특정 지역을 정한 것은 아니었다. 가끔 비첨으로부터 요크셔(Yorkshire) 출신의 허드슨 테일러가 최근에 시작하여 주도하고 있는 중국내지선교회(CIM)에 관해 몇 번 들었을 뿐이었다. 비첨의 부모님은 선교회가 처음 시작될 때 물질적으로 후원을 하기도 했었다. 스미스는 영혼을 얻을 수만 있다면 중국이나 다른 어떤 곳이라도 갈 마음의 준비가 되어 있었다. 선교사로 나가는 시기가 빠르면 빠를수록 더 많은 영혼들을 돌이킬 수 있으리라 생각되었다. 그는 일기에 이렇게 적었다. '오, 하나님! 영혼들을 구원하시고 최소 2만 5천 이상의 영혼의 짐을 내게 지우소서.' 학업을 계속하는 것은 그에게 있어 이제 시간 낭비처럼 여겨졌다.

9월 초에 스미스는 사촌들과 함께 머무르던 더비셔(Derbyshire)에서 부모님께 선교사로 나가는 것을 허락해 달라고 편지했다. 그의 부모님은 지혜롭고 기도하는 사람들이었기에 일방적으로 반대하지 않고 다만 주의를 기울이라고 그에게 당부했다. 이때 스미스는 부모님께 확신을 주려면 기도해야 한다고 생각했다. 그러나 곧 올바른 과정을 밟아나갈 것을 생각하니 옛적의 의기소침함이 다시 고개를 들기 시작했다.

그는 자신을 내던지다시피 시골 농민들을 대상으로 한 복음 전도 사역에 뛰어들었다. 마을 한편에서 일어나는 영적불신을 극복하기 위하여 이것저것 닥치는 대로 일했다. 어떤 날은 사촌 한 명과 밤늦도록 함께 기도하였지만 아침에 일어나면 우울한 기분이 가시질 않았다. 또, 어떤 날은 아주 오랫동안 믿음을 위하여 기도하여 영광스럽지만 쉽게 사라지는 황홀한 감정을 경험하곤 했다. 두 청년들은 그 지방 교구 목사인 멜로(Mr. Mello)에게 그들의 책임감을 일깨워 달라는 편지를 보내기까지 했다. 그러나 그의 답장을 받아보고는 슬프게 고개를 내저었다. 그의 답장은 이랬다. "유감스러운 말이지만 당신에게는 서투른 변명이 가득하고, 주님께 대한 열정이 부족하다는 것을 조금도 인정하지 않는군요."

케임브리지에는 새 학기가 다가오고 있었지만 스미스는 여전히 하나님의 뜻에 대한 확신이 없었다. 그래서 그는 겸손하게 하나님의 인도하심을 바라고 있었다. 그러다가 말씀을 보게 되었는데 매일 성경읽기표의 1880년 10월 6일의 본문이 에스겔 3장이었다. 에스겔 3장 5절을 읽는 순간 하나님의 음성이 들려오는 것 같았다.

"너는 방언이 다르거나 말이 어려운 백성에게 보내는 것이 아니요, 이스라엘 족속에게 보내는 것이라"

스미스는 깊은 생각에 잠겼다. 하나님은 그를 선교지로 부르신 것이 아니라 고국에서 봉사하도록 부르셨다는 느낌이 점차 분명해졌다. 그것은 대학을 졸업할 때까지 그가 케임브리지에 남는다는 의미였다. 더욱이 그는 독서나 친구들과의 토론을 통해 모든 그리스도인들에게 의무적으로 침례를 받도록 하는 것은 잘못된 것임을 알게 되었다. 그는 이제 선한 양심을 가진 영국 성공회 목사가 될 수 있었다.

케임브리지 대학 2학년을 시작할 때 스미스는 겸손한 모습으로 새 학기를 시작할 수 있었다. 그는 지나간 1년을 회상하며 이렇게 적었다. "지난 한 해를 돌이켜 보건대 나는 오직 끊임없이 흐르는 하나님의 자비만을 볼 수 있을 따름이다."

CAMBRIDGE 7

II

케임브리지 대표선수

II

케임브리지 대표선수

스터드 집안의 3형제 중 장남인 키네스톤 스터드(Kynaston Studd)가 트리니티 신학대학 신입생이 되었다. 그는 학교에 들어오기 전에 사업을 한 적도 있고, 두 동생들처럼 뛰어난 크리켓 선수였다. 그리고 신앙적인 면에서 두 동생, G.B. 스터드나 C.T. 스터드가 형식적인 신자였음에 반해 그는 전심으로 그리스도를 섬겼다. 스미스는 바로 스터드의 매력에 빠져들었고, 곧 그의 나이와 경험을 소중히 여기게 되었다. 전에 자신이 그랬던 것처럼 신앙적으로 타성에 젖어있는 윌리엄 호스트나 비첨보다 더욱 가까운 친구가 되었다.

비첨은 대가족의 셋째 아들로 태어나 기독교적 활동과 헌신의 분위기가 물씬 풍기는 가정 분위기에서 자랐다. 그가 5살이었을 때, 중국 내지선교회 설립자인 허드슨 테일러가 선교회를 설립한 직후 그의 집을 방문한 초기 기억이 있었다. 테일러와 그의 선교사들은 서양인들의 경멸을 무릅쓰고, 중국식으로 길게 땋아 늘어뜨린 머리채와 복장을 하고 있었다. 그리하여 그들은 다른 사람들이 갈 수 없는 곳

(중국)으로 갈 수 있었다. 비첨은 허드슨 테일러가 아이들에게 젓가락을 사용하는 법과 머리 땋는 방법, 신기한 동양 물건들을 보여 주던 일, 그리고 수억의 사람들이 아직도 예수 그리스도에 관하여 전혀 들어보지 못했다고 한 일을 그때까지도 기억하고 있었다.

비첨의 형제들이 성장하면서 자매들 또한 그리스도께 특별한 관심을 갖기 시작했다. 가끔씩 비첨은 아이다(Ida)와 함께 런던 경찰들을 위한 모임에 참석하거나, 힐다(Hilda)와 함께 꽃 파는 소녀들이 모이는 곳에 가기도 했다. 래드스톡 경은 비첨이 상당히 좋아하던 삼촌이었는데, 비첨은 항상 삼촌의 설교를 들을 준비가 되어 있었다. 그럼에도 불구하고 비첨은 해가 지날수록 형식적이고 성장이 멈춘 그리스도인이 되어갔다.

스터드 삼형제와 스미스 그리고 비첨은 크리스마스 휴가 동안 종종 꽁꽁 얼어붙은 하이드 파크(Hyde Park)의 서펜타인(Serpentine) 연못에 스케이트를 타러 가곤 했다. 다음 학기인 1881년 2월 초에는 스미스와 비첨이 케임브리지 대학 기숙사에 그림을 거는 키네스톤 스터드의 일을 도왔다. 비첨은 몸이 불편하여 다른 사람보다 일찍 잠자리에 들었고 작업이 마무리 되었을 때에 스미스와 스터드는 잠깐 기도하는 시간을 가졌다. 기도가 끝나고 무릎을 일으켜 세우면서 스터드는 스미스에게 매일 비첨을 위해 함께 기도하자고 제안했다. 스미스에게는 비첨의 미지근한 신앙과 충동적인 기질, 영적 성장이 멈추어 버린 모습이 겉모습과 대비되었고, 렙턴 시절의 친구인 비첨을 좋아했기에 기꺼이 그렇게 하자고 했다. 그들은 매일 강의가 끝난 저녁시간에 15분씩 비첨을 위해 기도하기로 했다.

그리고 스미스는 대학생을 대상으로 한 달에 최소한 한 명 이상의 불신자에게 복음을 전하는 작은 모임을 만들자고 스터드에게 제의했다. 스터드는 전심으로 이를 수락했고, 며칠 뒤에는 왈더 그레이브도 동참했다. 2월 28일에 스미스와 함께 입학한 렙턴 고교 친구인 윌리엄 갈웨이(William Gallwey)가 그리스도를 영접하게 되었다. 이것은 4개월 동안 기도한 응답이었다. 바로 다음날 로마서 5장을 함께 읽은 갈웨이가 더듬거리며 즉석에서 기도하는 것을 보면서 스미스의 마음은 몹시 기뻤다. 갈웨이는 이렇게 기도했다. '고마우신 주님, 마침내 저로 당신이 주시는 영생의 선물을 받게 하셨나이다.' 군인인 아버지와 그의 할아버지가 부감독을 지낸 바 있는 갈웨이는 그 후 1883년에 목회직을 시작했으며, 그의 여생을 목회사역에 바쳤다.

스미스는 몸이 약함에도 불구하고 맥나튼(Macnaghten) 스컬(Scull, 혼자 양손에 노를 하나씩 쥐고 젓는 조정 경기 – 옮긴이)에서 20야드 차이로 우승하게 되었다. 그는 상금으로 홀만 헌트(Holman Hunt)가 그린 '세상의 빛'(The Light of the World)이라는 전도용 그림 사본을 하나 샀다. 그렇지만 조정은 아주 미묘하게 스미스의 영적 생활을 잠식해 들어갔다. 학업은 그렇게 부담되는 것은 아니었다. 그러나 조정으로 많은 사람에게 알려진 것은 사실이지만, 그것은 위험한 일이 되었다. 그의 조정경기의 실적은 자신의 건강 상태를 무시하고 얻은 결과였기 때문이었다.

그는 대학 조별 조정 대회에서 우승했고 매년 대학 내에서 열리는 5월 대회에서도 좋은 성적을 거두었다. 하지만 조정 때문에 기도와 성경읽기를 위한 시간조차 빠뜨리기 일쑤였다. 지난해 여름에 결단했던 절대금주에 대한 열정도 점차 사그라져 갔다. 6월 말 경, 그는 '나의 영혼은 비참하리만치 불쌍한 상태에 놓여 있다.'고 심정을 털어놓았다. 긴 방학 동안에도 스테프니나 알더숏트 근처에는 더 이상 가지 않았고, 더비셔의 사촌들을 방문하더라도 주로 테니스를 쳤다. 아마 그는 그것이 마지막으로 웃었을 때라고 상상했을지도 모른다.

침체는 현실보다 더욱 분명해졌다. 8월 1일 일기에 스미스는 이렇게 적고 있다. '일곱 시에 일어나 몇 달 만에 처음, 진실한 기도로 하루를 기분 좋게 시작할 수 있었다. 얼마나 차이가 많이 나는지…! 곧바로 그는 친구들의 이름과 그동안 그리스도인으로서 어떻게 살았는지를 써내려갔다. 그리고 각 사람들의 이름을 기억하고자 애썼다. 만약 그가 계속 그렇게 살았더라면, 당대 대부분의 목회자들처럼 존경받고 진지하지만 비희생적이고, 중도적이고 정통적이지만 복음적이지는 않은 사역자가 되었을 것이다.

가을학기가 시작되었을 때 그의 마음은 요동치기 시작했다. 지난해 10월, 스미스의 마음이 침체해 있었다면 1881년의 10월은 기독인 연합(Christian Union)의 대학생들과 교제하기 시작하면서 새롭게 소생되는 시간이었다. 그는 그곳의 두 사람과 함께 이사야서를 읽고 난 후 이렇게 썼다. '오 하나님, 내가 주를 너무 멀리 떠났습니다. 원컨대 나를 다시 일으키소서. 세상이나 세속적인 명예로 인해 당신으로부터 멀어지지 않도록 도우소서.'

스미스는 제 1 트리니티 조정 클럽의 주장이 되었다. 이로 인해 그는 대표선수가 될 수 있는 가능성을 가진 유력한 사람이 되었다. 조정 클럽에서 신입생을 선발하는 일상적인 일을 하다가 그는 새로운 아이디어를 생각해 냈다. 넓다란 잔디밭 너머 분수대와 시계탑이 보이는 올드 코트(Old Court)에 있는 그의 방에서 다른 두 친구와 함께 앉아 신입생들의 명단을 작성했다. 그들을 찾아가 좋은 일들을 해주고 싶어서였다. 마침 C.T. 스터드가 방에 들어와서 함께 노래 부르고 책도 읽고 기도했다. 스미스는 스터드에게 몇 사람을 데리고 올 것을 부탁했다. 그렇게 모두 즐거운 저녁 시간을 가졌다.

윌리엄 캐슬(Wiliam Cassels)은 영국 국교회 부제(副祭)를 준비하는 문학사(文學士)이자 열렬한 후원자였다. 나이 차이로 인한 불편함이 느껴지지 않았기에, 열성적이고 활동적인 스미스는 조금씩 조용하고 점잖은 캐슬에게 빠져 들었다. 캐슬은 축구 선수였는데 다리를 다치는 바람에 축구 대표 선수가 되는 기회를 놓쳤다. 그는 그리 학구적이지 않았지만 자신을 내세우지 않고 섬기는 그리스도인이었다.

스미스에게 무엇보다도 즐겁고 기쁜 것은 스터드가 보내온 비첨의 편지였다. 마침내 비첨이 그리스도께 자신을 드리게 되었다는 내용이었다. 후에 비첨을 만난 스미스는 놀라운 마음을 이렇게 적고 있다. '얼마나 놀랍도록 변해 있었는지! 그토록 냉랭하고 미지근하던 그가 이제는 열심이 가득한 사람이 되어 있었다.' 그들은 모두 함께 모여 제 1 트리니티 조정클럽 회원들로 구성된 성경공부 모임을 시작하기로 결정했다.

하지만 스미스의 영적 생활은 가끔씩 흔들렸다. 스미스와 비첨은 엘리(Ely)에서 8인 조정을 했다. 비록 스미스가 잘하지는 못했지만, 비첨은 꾸준히 영적으로 성장을 하고 있었으나 스미스는 크리스마스 동안 다시 담배를 피우기 시작했다. 1882년 1월에 영국 해협을 횡단하여 비첨의 어머니가 있는 노르망디(Normandy)의 옹플뢰르(Honfleur)를 방문했을 때, 그들을 이끌고 간 사람은 비첨이었다.

그들은 거기 있는 '앙 빠밀(En famille)'이라는 배에서 두 주간 선원들을 전도하며 그 기간동안 아주 즐겁게 보냈다. 그곳에서 그들은 영혼 구원보다는 불어 실력을 향상시켰다. 이때 스미스를 실망시킨 것은 대학 조정대표팀이 비첨만 불렀다는 사실이었다. 그러나 런던으로 돌아왔을 때 그도 대표팀에 합류할 수 있게 되었다. 또한 봄학기 동안 다섯 번째 배를 젓던 비첨은 자리를 내려놓아야 했다(스미스는 비첨이 '그것을 얼마나 잘 견뎌냈는지 모른다.'고 했다). 스미스는 대학 조정팀의 명실상부한 조타수로 인정받게 되었으며 그에게 대표선수 자격도 주어졌다.

스미스는 케임브리지 전체에서 그리스도인이요(3월에 옥스포드를 방문했을 때 웹스터(Webster)는 그를 '할렐루야 조타수'로 소개), 대학을 대표하는 조정선수로서의 위치와 그의 인격으로 인해 팀원들의 영적인 필요에 대해 직접적으로 말할 수 있게 되었다. 그는 대학 조정팀 모두에게 개별적으로 접근해 보기로 결심했다. '여덟 명 모두가 그리스도인이 되게 해 주옵소서.' 이것이 스미스의 기도제목이었다. 한편 비첨의 절대 금주가 조정팀에 강한 영향을 끼쳐 "차 마시는 8

인"(술을 전혀 마시지 않는 여덟 명이라는 뜻 – 옮긴이)이라는 별명
이 붙었다.

1882년 조정 대회에서 케임브리지는 옥스포드에 간발의 차이로
지고 말았다. 그런데도 스미스의 명성은 여전했다. 그는 꺾이지 않는
담력과 결단력으로 육체적인 연약함을 극복했기에 비록 시작은 느
렸지만 당대의 가장 뛰어난 선수로 인정받을 수 있었다. 그러나 그는
'불행히도 나의 영혼은 조정 대회를 준비하면서도 괴로워했다'고 이
야기했다. 그때부터 부활절 휴가 기간까지 그는 우울하고 풀이 죽은
나날을 보냈다. 마지막 학기에 케임브리지로 돌아와서야 그는 어느
정도 활력을 되찾았다. 새 학기가 시작되면서 그는 호스트와의 대화
를 통해 마침내 결단을 내렸다. 그것을 증명하는 뜻으로 앞으로 절대
담배를 피우지 않겠다고 맹세했다. 그리고 건강을 해치는 술도 역시
입에 대지 않기로 했다.

5월의 조정 경기에서도 케임브리지 팀은 우승하지 못했다. 1882년
6월 17일 스미스는 학위를 취득했고 그동안 커다란 기쁨을 준 선수
생활도 마감하게 되었다.

그가 성직에 가고자 했는지는 확실치 않다. 그는 그해 9월에 매형
인 로이드 그리피스(Lloyd Griffith)가 소유한 남부 런던의 예비학교
에서 새 출발을 했다. 그곳은 공립 중학교 입학을 준비하는 아이들을
가르치는 곳이었다. 그렇지만 이것은 다른 결정을 내리기 전까지 임
시적인 과정에 불과했다.

III

형제들

III

형제들

1870년대 초 베드포드 근처의 오우즈 계곡(Ouse Valley) 가장자리에 위치한 라벤스덴(Ravensden)의 작은 마을의 어느 따뜻한 겨울 낮이었다. 이 작은 마을에 한 늙은 과부가 그녀의 조그만 집 문 앞에 서있었다. 그녀는 사냥꾼이 자리를 비운 사이에 대열에서 벗어난 사냥개들이 이리저리 지나다니는 것을 바라보고 있었다. 사이먼 부인의 얼굴은 밝았고 가난하지만 행복했다. 핑크색 코트를 입은 사냥꾼에게 손을 흔들고, 말 위에 앉아 재잘거리는 어린 아이들에게도 기쁘게 손을 흔들었다. 그들 중에는 말고삐를 잡는 아이도 있었고, 어떤 아이들은 자랑스럽게 혼자 말을 타고 있었다. 그녀는 아이들이 노는 것을 지켜보다가 문득 그녀가 전에 종종 보았던 적이 있는 한 가족 – 하우베리홀(Howbury Hall)의 폴힐 터너씨의 아이들이 떠올랐다. 이 노부인이 자기 집 벽난로 곁으로 돌아왔을 때 자신의 구주, 홀로 살아가는 자신의 집에서 언제나 함께 하시는 주님께서 그 아이들을 위해 기도하도록 부르신다는 확신이 들었다. 하나님께 순종하는 삶에

익숙한 그녀는 그 자리에서 그들을 위해 기도했다. 그리고 날마다 그들을 위해 잊지 않고 계속 기도했다.

폴힐 형제들(뒤에 붙는 '터너'라는 이름은 그들의 어머니가 재산을 상속받은 후에 붙인 것이다)은 하우베리(Howbury)에서 태어나 그곳에서 자랐다. 그 집은 전형적인 18세기 풍의 시골집으로 베드포드 동쪽으로 가다가 길 북편에 위치한 공원 안에 있었다. 3남 3녀의 형제자매들은 자기들이 원하는 놀이라면 무엇이든 할 수 있었다. 예를 들어 이웃에 사는 또래 친구들과 겨울에는 사냥이나 연극을, 여름이면 크리켓과 보트타기 등을 하며 보냈다. 그들의 아버지는 베드포드를 대표하는 하원의원이었으며, 1875년에는 지방장관을 지내기도 했다.

둘째인 세실과 셋째인 아더는 형제들 중에서 가장 가까웠는데, 둘은 과정을 밟아 이튼에 진학했다. 그들의 경력은 당시 관습에 따라 이미 정해져 있었다. 첫째인 프레드릭은 상속자가 되고, 둘째인 세실은 기병대에 들어갔으며, 셋째인 아더는 목사 안수를 받고 가족의 생계를 맡게 되었다. 어릴 적부터 그는 유모인 리드쇼우(Readshaw) ─ 그녀는 언제나 예수님이 자기 친구라도 되는 듯 얘기하곤 했다 ─ 에게 잠들기 전에 신앙에 관한 이야기들을 많이 들어왔지만 아더의 신앙관은 확고하지 못했다. 그럼에도 그는 케임브리지에서 필요한 공부를 하고자 마음먹었다. 그도 그럴 것이, 그는 시골 교구 목사로 즐겁고 가치 있는 삶을 살고자 했던 것이다.

이튼에서 보낸 나날들은 참으로 행복했다. 아더와 세실은 어릴 적부터 축구선수로 집안의 가풍을 이어갔고 특히 세실은 1877년 필드 경기에서 학교 대표 선수로 활약했으며, 2년간 크리켓 선수로 몸담았다. 아더는 1879년에 유명했던 C.T. 스터드로부터 크리켓 선수 유니폼을 받았으며, 형인 세실이 입대를 위해 케임브리지의 지저스 칼리지(Jesus College)에 진학한 후에도 그는 2년을 더 이튼에서 크리켓과 축구 대표 선수로 뛰었다. 두 형제는 작고 야무진 체격의 소유자였는데, 세실은 조용하고 완고한 편인데 비해 아더는 명랑해서 친구도 쉽게 사귀었다.

그러다가 두 가지 충격적인 사건이 그들의 평탄한 삶을 뒤흔들어 놓았다. 첫 번째는 단기간에 누나인 엘리스가 세상적인 것들을 뒤로하고, 사냥이나 사교적인 파티 같은 것들도 포기하며 오로지 그리스도께 헌신하겠다는 폭탄 선언을 한 것이다. 그녀는 조용히 성경을 읽는 가운데 자신의 영적 갈망을 발견하게 되었다. 그녀의 이 같은 선언은 그녀를 위해 기도하던 사람들조차도 알아차리지 못할 정도로 갑작스런 것이었다. 베드포드에서 열린 한 예배에서 그녀는 그리스도를 자신의 구주로 영접했다. 동생들의 무기력한 영혼을 깨우기 위해 그녀는 지속적으로 노력했지만 세실과 아더는 그것을 귀찮은 간섭으로 여겼고, 그녀는 곧 그들을 놓고 떠났다. 이 같은 결심을 한 그녀의 이야기는 그 해 겨울 사냥터에서 줄곧 화젯거리가 되었다.

두 번째 충격은 그들에게 더 혹독한 것이었다. 아더가 이튼 학교에서 마지막 반 학기를 보내고 있었고, 세실이 제 2근위용기병으로 임명된 지 얼마 안되어 아버지가 55세라는 이른 나이에 돌아가신 것이다.

아버지 폴힐 터너의 죽음으로 집안에 그늘이 드리워진 가운데 세실은 아일랜드에 있는 그의 연대에 복귀했고, 아더는 1881년 가을에 트리니티 신학교에 들어갔다. 그러나 새로운 환경에서 두 사람은 이내 행복을 되찾았고, 그들의 길은 다시 평탄해졌다. 아더는 많은 친구들을 사귀었다. 그는 아마추어 연극클럽에 가입했고, 대학 축구 선수로 뛰었으며, 홉킨스의 마굿간에서 말을 빌려 사냥도 다녔다. 그리고 당시 대다수의 학생들이 그랬던 것처럼 학업 때문에 지나치게 힘들어 하지 않았다. 같은 신입생인 더글라스 후퍼(Douglas Hopper)와 함께 개가 끄는 이륜 수레를 몰고 뉴마켓(New Market)까지 경주도 종종 했으며, 저녁에는 카드놀이를 벌이곤 했다.

1882년 10월, 아더가 케임브리지로 돌아와 2학년을 시작할 때였다. 거리와 대학 내에 미국인 복음 전도자 무디와 생키가 곧 영국을 방문할 거라는 포스터와 현수막을 보면서 흥미를 느꼈다. 폴힐 터너와 후퍼 그리고 그의 친구들은, 제대로 정규교육도 받지 않은 두 미국인이 대학에 설교를 하러 온다는 사실 자체가 커다란 웃음거리라고 생각한 것이다. 모든 재학생들은 J.E.K. 스터드가 서명한 초청장을 개별적으로 받았다. 이튼 학교 시절에 아더는 크리켓 선수로 유명했던 스터드 형제를 마음으로 존경했지만, 그 형제가 성경공부 모임을 주도한다는 것을 알고는 이상하게 여겼다. 아더는 스터드 형제나 스탠리 스미스 등이 주도하는 공개적인 전도행위를 점잖지 못한 행동이라고 생각했다.

두 전도자의 방문은 학기 첫 몇 주 동안 사람들에게 끊임 없는 화젯거리였다. 1882년 11월 5일 일요일 밤(Guy Fawkes의 밤), 아더는 가벼운 마음으로 첫 집회가 열리기로 되어 있는 콘 익스체인지(Corn Exchange)로 갔다. 수많은 대학생들이 구경하기 위해 모여들었다. 집회가 시작되기 전까지 왁자지껄한 소음이 가득했다. 빨리 달리는 선수 축에 끼는 제럴드 랜더(Gerald Lander)라는 트리니티 친구는 의자를 피라미드식으로 쌓아 올려 사람들을 웃기고 있었다. 두 복음 전도자와 함께 주요 인사들과 목사들이 강단에 들어섰을 때 박수와 환호가 쏟아졌다. 일부 사람들은 생키가 찬송을 부를 때 '앵콜'이라고 소리쳤고, 무디가 기도할 때는 '아멘! 아멘!'으로 응답하기도 했다. 대부분의 청중들처럼 아더는 그런 태도가 올바르지 못하다고 개탄했다. 그러나 그는 한 마디도 놓치지 않으려는 자세로 설교를 끝까지 열심히 경청했다.

무디에 대한 그의 첫 인상은 '키 작은 땅딸막한 사나이, 지독한 미국식 억양에다 몸은 활발히 움직이고, 다니엘을 설교할 때는 성직복(성의)를 입은 채 뒷부분을 둘둘 말아 뒷주머니에 넣었다가 아주 즐거운 듯이 그것을 꺼내 펼치는 사람' 정도에 지나지 않았다. 예배는 흥미 있었지만 근본적으로 아더의 마음을 움직이지는 못했다. 따라서 국교회 목사가 되려는 그의 의지는 변함이 없었다.

대학 전도대회는 장소를 옮겨 작은 체육관에서 열렸는데, 목요일이 되자 이상스런 소문이 나돌기 시작했다. 거대한 군중들이 콘 익스체인지 집회에 참석했는데 무디가 대학생들의 마음을 예기치 않게 움직였다는 것이다. 일요일 저녁 집회의 소란꾼이었던 랜더가 친구들의 충격과 놀라움을 직접 본 첫 사람들 중에 있었다. 지독한 흡연가이자 경마를 위해서만 살았던 더글라스 후퍼도 변화됐다. 이 집회가 처음 열릴 때만 해도 적대적이거나 단지 흥밋거리로만 여기던 대학의 분위기는 이제 하나님을 찾으려는 진실한 마음들로 가득했다.

아더 폴힐 터너 역시 무디의 설교에 마음을 빼앗겼고 '양 아흔 아홉 마리는'(찬송가 297장)과 '슬픈 마음 있는 사람'(찬송가 91장) 이라는 생키의 찬송을 들었을 때에는 마음에 움직이는 뭔가를 느꼈다. 아더는 무디에게서 남자다운 진실함을 느낀 것이다.

아더는 '폐부를 찌르는 듯한 그의 연설은 나의 마음 깊이 파고들었다'고 회상했다. '죄에 대한 통렬한 지적들은 때때로 무시무시했지만, 그것은 언제나 죄인들에 대한 하나님의 놀라우신 사랑과 균형을 이루며 이어졌다.'

무디는 '돌아온 탕자' 이야기를 하면서, 그곳에 온 수많은 청중들을 '공허하고, 연약하게 떠도는 인생, 이기적이며 예배가 없고 희생하기를 원치 않으며, 순간의 향락을 즐기며 사망으로 향하는 시간의 큰 파도 속에 빠져버린 인생'으로 묘사했다. 아더는 자신의 자만과 공허함을 깨닫기 시작했다. 신성한 목회직을 자신의 안일한 생활 방편으로 삼으려는 그의 계획은 거룩하신 하나님이 보시기에 더러운 악취를 내는 것에 불과했다. 그러면서도 어떻게 영생에 들어갈 수 있겠는가? 하지만 하나님은 그를 사랑하셨고, 십자가에 죽으심으로 그의 죄를 씻어주셨다. 그는 '사랑과 신뢰 위를 흐르는 부드러운 하늘 아버지의 음성'에 더욱 주의를 기울이게 되었다. 그곳에서는 우리의 모든 허물과 죄에 대한 용서가 있었다. 그는 어릴 적에 유모로부터 들은 여러 기억들이 떠올랐다. 그리고 '주님은 언제나 우리 맘속에 들어오길 원하신다'는 말을 들은 기억이 났다. 그와 세실을 그리스도께 인도하려 했던 누이의 뜻을 거부했던 것도 생각나면서 자신이 얼마나 감사할 줄 모르는 이기적인 사람인지 알게 되었다. 설교가 끝날 무렵에 무디는 외쳤다. '지금 이 순간 주님을 영접하십시오. 여러분의 눈에 생기가 있을 때 그분께 자신을 맡기십시오. 죄의 짐과 이기심을 그의 발아래 내려놓으면 그의 품에 안겨 안식하게 될 것입니다.'

아더는 무디의 말에 즉흥적으로 반응하지 않고 트리니티홀로 돌아와 자신이 치러야 할 대가를 생각해보았다. 그의 마음이 전적으로 결정되지 않는 한 그리스도를 받아들이지 않을 태세였다. 어정쩡한 처방은 오히려 없는 것만 못한 것이다. 그는 자기 인생의 많은 부분이 새롭게 세워져야 할 것을 알았다. 그가 온전히 그리스도의 편에 선다면 한편으로는 비웃음을 사고 많은 친구들을 잃어버리게 될 것이다. 물론 후퍼, 스완 그리고 그 밖의 몇몇 친구들은 그리스도인이 되었지만, 그렇지 않은 친구들도 많았다. 뿐만 아니라 그리스도께서 그를 위해 자신의 전부를 주셨기에 그 역시 인도하시는 모든 일에서 순종해야 함을 알았다. 그는 이것 외에 다른 어떠한 길도 정직하지 않다고 생각했다.

아더는 생각이 여기에까지 미치자 두려워하기 시작했다. 금요일과 토요일 집회에서 설교를 들으며 자신이 순종해야 한다는 사실을 알았지만 감히 그렇게 하지 못했다. 전도 집회의 마지막 날인 1882년

11월 12일 일요일, 집회는 다시 콘 익스체인지로 장소를 옮겨 열렸다.

그는 그때를 회상하여 이렇게 적었다. '지난 주 일요일과는 너무도 달랐다. 수많은 사람들이 모여 들었지만 너무도 조용해서 바늘 떨어지는 소리조차 들릴 정도였다. 너무나 조용해서 무시무시할 정도였으며 하나님이 임재해 계신다는 느낌마저 들었다.'

무디는 누가복음에 나오는 천사의 메시지에 관해 설교했다.

"무서워 말라, 보라 내가 큰 기쁨의 좋은 소식을 너희에게 전하노라. 너희를 위하여 구주가 나셨으니 곧 그리스도 주시니라."

당시 무디는 이렇게 말문을 열었다. '나는 이 메시지야말로 지금껏 우리 인간에게 주어진 가장 기쁜 소식이라고 굳게 믿습니다.'

아더는 무디가 십자가의 의미와 부활에 관한 사실 그리고 그리스도가 정복하신 대적들 – 곧 사망, 죄, 심판 등 – 에 관해 이야기하는 동안 열심히 듣고 있었다. 그리고 이때 불현듯 그의 두 눈에서 비늘이 벗겨지는 듯한 한 가닥 음성이 들려왔다.

"보라 하나님은 나의 구원이시라, 내가 의뢰하고 두려움이 없으리니 주 여호와는 나의 힘이시며 나의 노래이시며 나의 구원이심이라"(사 12:2)

"내가 의뢰하고 두려움이 없으리라." 그의 두려움들은 근거가 없었다. 그리스도가 우리를 구원하고자 죽으셨다면 그는 또한 살아계시고 우리를 지켜 주실 것이다. 이제 그는 두려울 것이 아무것도 없었다. 주님이 힘 되실 뿐 아니라 우리의 노래이시기에.

이 같은 이사야서 말씀은 설교가 진행되는 동안에도 계속해서 아더의 심장을 두근거리게 만들었다. 무디의 말은 계속되었다. '여러분, 저의 권면을 들으십시오. 그러면 여러분의 그 문제는 이 밤에 결정될 것입니다. 복음을 믿으십시오. 그리고 당신의 마음속에 하나님께서 거하실 처소를 마련해 드리십시오.' 다음 순간 설교가 끝나고 찬송가 '큰 죄에 빠진 날 위해'를 부르는 순간 아더는 가장 신실한 마음으로 노래하기 시작했다.

"큰 죄에 빠진 날 위해 주 보혈 흘려주시고 또 나를 오라 하시니 주께로 거저 갑니다" (찬송가 339장)

찬송이 끝나고 무디가 기도를 인도하는 동안 모든 사람들은 무릎을 꿇거나 앉은 채로 머리를 숙였다. 잠시 후 회중들의 기도가 낮은 소리로 계속되는 가운데 무디는 이번 기간 동안 집회에서 은혜 받은 모든 사람들은 믿음의 표시로 자리에서 일어서 달라고 요청했다. 콘익스체인지에 모인 사람들 약 2백 명 이상이 거의 모두 일어섰다. 그들 가운데는 아더 폴힐 터너도 끼어 있었다.

무디의 전도집회는 이미 기독인연합에 속한 많은 사람들의 마음을 움직이고 새롭게 했다. 당시에 리드리홀로 올라간 트리니티의 윌리엄 호스트 역시 그랬다. 자기 백성을 자신에게 불러 모으시는 하나님의 사랑과 능력의 증거가 그를 겸손케 했으며, 그리스도께 헌신하도록 불을 붙였다.

12월 초 학기가 끝났을 때 윌리엄 호스트는 고향인 브라이튼으로 귀가했다. 이번에는 무슨 일이 있어도 동생 딕슨의 불신앙을 돌이키리라 다짐했다. 포병중대에서 겨울 휴가를 얻어 와이트섬(the Isle of Wight)에서 쉬고 있던 호스트는 스물 한 살의 과묵하고 조용한 청년이었다. 호스트 집안은 16세기의 종교박해를 피해 이곳으로 이주한 플란더스 지방 프로테스탄트의 후손이었다. 딕슨 호스트의 증조부는 넬슨 제독 휘하에 들어가 나폴레옹 전쟁에서 눈부신 활약으로 준남작의 작위를 받았다. 그의 조부인 조지 경은 육군에서 매우 뛰어난 군인이었다. 호스트 역시 훌륭한 군인으로 승진을 위해서 열심히 일하고 있었다.

육군 소장인 부친과 모친인 호스트 부인은 자녀들에게 엄하였으므로 호스트 형제들은 어릴 적부터 하나님에 대한 경외심과 가르침 속에서 성장했다. 그러나 딕슨(가족들은 그를 '딕'이라고 불렀다)은 군인교회에서의 공식적인 예배참석만으로 충분하다고 여겼다. 그 이상은 자신의 직업에 걸림돌이 된다고 생각했기 때문이다. 그러나 형 윌리엄은 케임브리지에서 하나님이 행하시는 일을 직접 목격했기에 동생의 무관심에 낙심치 않았다. 뿐만 아니라 무디와 생키가 케임브리지와 옥스퍼드에서 집회를 마치고 얼마 안 되어 브라이튼에 오게 된 것도 우연이 아니라고 느꼈다.

딕은 전도 집회에 참석하지 않으려 했고 어머니는 크게 슬퍼했다. 집회가 열린지 사나흘이 지난 저녁에도 딕은 거실에서 책을 읽고 있었다. 딕슨의 어머니는 외출복 차림으로 그의 방에 들어와 집회에 함께 가자고 다시 권유했지만 딕은 여전했다. 하는 수 없이 그녀는 벽난로 앞 안락의자에 몸을 깊숙이 묻은 채 석간신문을 읽는 아들을 두고 내키지 않는 걸음으로 방을 나섰다. 그런데 갑자기 현관문이 쾅하고 열리는 소리가 들리더니 뜻밖에도 윌리엄이 올라와 동생 방으로 들어왔다. "어이, 딕. 빨리 옷 입고 함께 집회 가자." 이렇게 말하는 윌리엄의 목소리에는 어딘지 모르게 압도하는 힘이 있었다. 순간 딕은 자신도 모르게 신문을 떨어뜨리고는 옷장으로 가서 외투를 걸쳐 입었다. 그리하여 두 형제는 함께 집회장소로 갔다.

그들은 약간 늦게 도착했으므로 뒷자리에 앉았다. 딕은 한가롭게 목사들이 있는 강단을 바라보기도 하고, 회중들의 찬송과 검은 구레나룻의 풍채 좋은 사나이가 지휘하는 합창을 아무 감흥 없이 냉랭하게 듣고 있었다. 그렇게 시간이 조금 지나자 평범한 복장을 한 사람이 강단으로 걸어 나왔다. 딕은 자신이 기대한 것보다 더 많은 관심을 가지고 강단을 주의 깊게 보았다.

잠시 후 무디는 기도를 시작했고 딕슨은 깜짝 놀랐다. 이처럼 곁에 있는 친구를 대하듯 친근하면서도 경외하는 마음과 겸손함으로 하나님께 기도하는 사람을 한 번도 보지 못 했던 것이다. 설교가 시작되었고, 그는 집중하여 듣기 시작했다. 딕은 몇 년이 지난 후 그 때를 이렇게 회상했다. '무디 선생님은 매우 진지하고 단도직입적으로 하나님을 두려워하지 않고 회개치 않는 자들을 향한 하나님의 심판을 전했습니다. 또한 다가올 하나님의 진노하심에서 벗어나도록 경고했을 때, 나의 죄악과 위태로운 상태에 대한 절실함과 절박감이 내 영혼을 강한 힘으로 사로잡았습니다.'

그의 교만과 무관심의 아성은 여지없이 무너져 버렸다. 그는 지난 날, 얼마나 허망한 시간들을 보냈었는지를 깨달았다. 전에 산책하는 길에 어떤 여자가 우연히 그에게 전도 책자를 건네 주었을 때 어떤 느낌이었는지 생각해 보았다. 그리고 자신이 윌리엄의 행복을 얼마 나 부러워했는지도 인정하게 되었다.

하나님은 그가 회개하고 그의 인생을 그리스도께 바치도록 부르고 계셨다. 그는 이런 메시지를 수백 번도 더 들어 왔지만, 이제는 더 이 상 거부할 수 없었다. 그렇지만 그는 여전히 세상의 안일한 습성과 의 결별, 비웃음, 자기 경력에 미칠 수 있는 영향들을 받아들이지 못 했다.

그 다음 2주 동안 그는 고뇌했다. 무관심이나 적대감 따위는 사라 졌으나 한편으로 자신이 반드시 내려야 할 결단에 따르는 대가를 감 수할 용기가 나지 않았다. 무디의 집회에 계속 참석하면서도 어머니 나 형에게 그런 고민을 털어놓지 못했다. 형 윌리엄은 딕슨이 갈등 하고 있다는 것은 눈치챘지만 동생의 회심이 하나님의 큰 계획의 일 부라는 것을 알 리 없었다. 그러기에 더욱 열심히 기도했다.

전도집회 마지막 밤, 부모님과 윌리엄은 일찌감치 집회 장소로 갔 다. 딕은 해결되지 않는 갈등으로 인하여 비참한 기분에 뒷좌석에 슬그머니 앉았다. 찬송가와 생키의 독창을 듣는 동안 그의 우울함은 깊어졌다. 무디의 설교가 시작되었고, 마음속에서는 이기적인 생활 에 대한 죄책감이 엄습했다. 딕은 '지금이 받아들일 때요, 지금이 구 원의 때'라고 확신했다. 더 이상 주저하다가는 기회를 놓치게 될지 몰랐다. 그는 이 부르심이 현재와 영원 안에서 자신의 결정에 대한 대가를 보상하고도 남을 것임을 알았다.

덕은 그리스도께서 자신의 죄를 지시고 죽으셨음을 알았고, 그런 단순한 믿음만이 필요하다는 것 또한 알았다. 무디의 설교가 끝나고 온 회중들이 무릎을 꿇고 기도하고 있을 때, 그는 마음속 모든 의심을 던져 버리고 죄인으로 자신을 그리스도께 내맡겼다.

그 순간 놀랍게도 말할 수 없는 평화와 만족감이 그의 마음속에 넘쳐 흘렀다. 지금껏 스스로 거부해 왔던 하나님께 즉각 용서 받았음을 알 수 있었고 헤아릴 수 없는 큰 은혜를 느낄 수 있었다. 생명과 기쁨의 영광스런 주님을 '알아가고 높이며 섬기는 것' 보다 더 좋은 것은 없다는 깨달음이 장래에 대한 두려움을 삼켰다. 잠깐의 시간이 흘렀지만, 그의 옛 자아는 이미 아련해져갔다.

기도를 마친 후, 무디는 그날 밤 그리스도를 영접했거나 그렇게 하기를 원하는 사람들은 앞으로 나오라고 했다. 남녀 구분없이 사람들은 자리에서 일어나 걸어 나오기 시작했다. 윌리엄은 그의 부모와 누이들과 함께 홀 중간 정도에 앉아 있다가 깜짝 놀랐다. 군복차림의 동생 딕슨이, 더 이상 구하지 않고 이미 찾았다는 것을 얼굴에 나타내며 회중 앞에서 신앙 고백을 하기 위해 통로를 걸어 나오고 있었던 것이다.

1982~83년 사이의 겨울 동안 베드포드에서는 또 다른 젊은 장교 하나가 자기 형제로 인해 충격을 받았다.

세실 폴힐 터너는 아일랜드에 있는 제2근위용 기병대에 들어간

후 처음 맞는 첫 겨울 휴가를 보내려고 하우베리 홀로 돌아와 사냥을 즐기고 있었다. 아더가 케임브리지에서 돌아왔을 때 세실은 그가 분명하게 변화되었음을 알게 되었다. 일요일에 둘은 공원을 지나 렌홀드(Renhold)에 있는 교구 교회로 가고 있었다. 세실은 아더 가문의 재산상속 문제에 대하여 몇 가지 일상적인 말을 나누던 중에 아더에게서 놀라운 말을 듣게 되었다. 자신은 재산을 상속받지 않고 '중국 선교사로 나가게 될 것'이라고 대답한 것이다. 세실은 경악했으며, 이 사실을 어머니께서 아신다면 깜짝 놀라실 거라 생각했다. 후에 세실은 당시를 이렇게 회상했다. '물론 나는 그러한 억척스런 계획에서 아무런 목적도 찾아볼 수 없었습니다. 그를 단념시키려고 갖은 노력을 다했지요.'

그리스도께 자신을 드리기로 결단한 1882년 11월 12일, 일요일 저녁 이후로 아더는 한 번도 뒤를 돌아보지 않았다. 어정쩡한 결단으로는 아무것도 하지 않기로 결심했기에 그와 더글라스 후퍼는 자신들의 옛 생활, 곧 연극이나 댄스, 경마, 카드놀이 같은 생활을 말끔히 청산했다. 아더는 이렇게 이야기했다. '나의 마음은 보다 웅대하고 심오한 주제에 심취해 있었다.' 그리고 학업이나 스포츠는 새로 찾은 신앙을 증거하는 수단이라고 생각했다. 크리스천 연합회 소속의 키네스톤 스터드, 비첨 그리고 그 밖의 사람들은 이 둘의 믿음직한 친구가 되었다. 그들은 '매일 기도회'(Daily Prayer Meeting)로 모였고, 성 마태 빈민 교구의 복음 전도와 사회사업에서 트리니티홀이 감당해야 할 부분을 찾을 수 있었다. 이리하여 다음 학기는 이전 학기와 분명한 대조를 이루었다.

무디는 해외선교에 대해 거의 언급하지 않았지만, 그러한 그리스도의 부르심에 어떻게든 기꺼이 응답하려 했던 사람들이 해외에서 복음을 전하려는 사명감을 점차 확신하게 되었다. 후퍼의 마음은 아프리카로 향했으며, 틴데일 비스코(Tyndale Biscoe)는 인도로 그리고 폴힐 터너, 비첨과 우정을 통해서 중국으로 향했다. 그리하여 케임브리지 7인 중에는 아더 폴힐 터너가 처음으로 중국선교에 대한 비전을 받았다. 일년 반 동안 더 케임브리지에 머무르며 신학 훈련을 받는 동안 그에게 이 같은 소망은 멀게만 느껴졌다. 그러나 아더는 세실에게 자신의 소망을 숨기지 않았으며, 세실의 영적 필요를 끄집어 내주고 싶었다.

교회로 가는 도중에 나눈 대화는 진지하면서도 당황스러울 정도로 개인적인 토론으로 흘러갔다. 세실은 아더의 의견에 대해 설득력 있는 반론을 여러 가지로 제시했다. 그러나 아더는 조금도 낙담하지 않았다. 자신의 회심 소식을 편지로 전한 어릴 적 유모 리드쇼우와 누이 엘리스의 기도 그리고 아직 한 번도 만나 본 적이 없는 라벤스덴의 시몬스 부인의 이야기를 하면서 아더는 아무것도 얻은 것이 없는 것처럼 보였다. 그러나 세실은 후에 이렇게 이야기했다. '나 역시 아더가 옳다는 것을 시종일관 알고 있었다.'

아더는 세실로부터 알더숏트에 있는 그의 부대로 돌아갈 때까지 매일 아침, 성경 한 두 절을 읽겠다는 약속을 받아냈다. 세실은 '나는 이것을 양심적으로 실행했다. 때로는 진저리 날 정도로 지겹기도 했지만, 짧은 기도문을 덧붙여 가며 성실히 행했다'고 회상했다.

세실은 비록 생각이 재빠르거나 하지 않았지만, 정직한 사람이었다. 그는 아더의 신앙에 대해 경멸하거나 무시하는 것은 아니었지만, 확실한 토대가 서기 전에는 따르지 않았다. 런던에서 열린 무디의 집회에도 아더와 함께 두 번이나 참석했었고, 그곳에서 감동을 받기도 했었다. 그는 당시 베스트셀러 전기였던 「헤들리 장군 회고록」 (Memorials of Captain Hedley Vicars)을 읽게 되었다. 헤들리 장군은 크림 전쟁에서 전사했으며 용감하고 열렬한 투사였으나 다소 내성적인 사람이었다. 그 전기를 읽으면서 세실은 '그리스도인이 된다는 것은 너무 힘든 일이다. 항상 자기 죄를 생각해야 한다니'라고 생각했다. 그러다가 어느 순간에 이르자, 기독교 신앙의 진정한 의미를 잘 이해하게 되었다. 그러나 그리스도께로 나온다는 것은 자신의 무사안일한 습관에 종지부를 찍어야 한다는 것이었다. 그렇게 되면 부대 내 회식자리에서 외면을 당하거나 심지어는 조롱이나 핍박도 예상되는 일이었다. 강인한 정신으로 무장해야 할 기병 장교라면 신앙으로 자신과 동료들을 구별 짓는 사람들을 좋아하지 않기 때문이었다.

그러다 결국 세실은 이제 더 이상 세상적이거나 자신을 감추는 그리스도인이 될 수 없음을 깨달았다. 숨김없이 자신을 내보여야 하며, 부끄러울 것 없는 신앙이 아니면 아무것도 아닌 것이다. 더욱이 그리스도께 순종한다는 것은 곧 그분의 뜻에 대한 복종을 의미했다. 그는 마음속으로 자신에게 이렇게 말했다. '나는 하나님께서 말씀하시는 것을 준행해야 한다. 그분은 내가 예상치 않았던 방향으로 인도하실지 모른다.' 그는 또한 덧붙이기를, '나는 내 직업이 정말 만족 스럽다. 군인으로 성공하길 원했었고, 마음속에 세웠던 계획들도 많았다. 이 모든 것이 물거품이 되면 어쩌지? 나는 여기서 한참을 망설여야 했다.'

1883년 여름과 가을, 알더숏트에서 기병대로서의 일상, 즉 군사훈련과 승마학교, 롱 벨리 훈련, 폴로와 크리켓 경기, 그리고 저녁에 카드놀이를 하면서도 세실은 '마음속에 자신의 생각을 허락하시며 조용히 역사하시는 성령님'을 느낄 수 있었다.

겨울휴가 동안 세실은 독일 스투트가르트(Stuttgart)에 가 있기로 했다. 그의 삼촌 헨리 바론 경이 뷔르텐베르크 왕실(Kingdom of Wurtenburg)의 영국인 거주자(British resident)로 있는 곳이었다. 세실은 독일어를 배우기 위해 그곳의 한 독일인 가정에서 머물렀다. 자신의 후계자로 세실을 지목한 부유한 독신 삼촌은 세실이 그곳에서 만족스럽게 즐거운 시간을 갖도록 배려했다. 세실은 그 시절을 이렇게 회상했다. '비록 우리는 함께 오페라 공연에도 가고, 긴 드라이브도 했지만 삼촌은 내가 어떤 마음인지를 전혀 몰랐다. 그와 함께하면서도 나는 성경 말씀을 매일 깊이 묵상했으며, 또한 기도했다' 그리스도의 부르심은 더욱 뚜렷하고 강하게 다가왔고, 점차 그를 가로막고 있는 방해물들이 하나씩 해결되는 것 같았다. 몇 주가 흐르는 동안 조용한 내면적 갈등은 계속되었고, 결국 그가 독일을 떠나야하는 날까지 계속되었다.

격정적인 감정도, 일년 이상 계속됐던 갈등도 겉으로 드러나지는 않았다. 그러나 마침내 작별 인사가 모두 끝나고, 알더숏트로 돌아가는 열차 속에 몸을 실었을 때 그의 마음에 온전한 결심이 섰다. '나는 예수 그리스도를 나의 구세주요, 주님이요, 주인으로 영접하고 그분께 자신을 내어 맡길 것이다'라는 결심을 했다.

IV

기도의 사람

Ⅳ

기도의 사람

중국 땅 멀리, 해변으로부터 400마일 떨어진 북부 산시(山西, Shanxi) 지방의 수도인 타이위안 (太原, Taiyuan)의 번잡한 거리를 말을 타고 천천히 걸어가는 사람이 있었다. 그의 조랑말은 품팔이하는 사람과 거지들 그리고 상인들 사이로 걸어가다 지나가는 관리의 마차를 피하려고 옆으로 비켜서곤 했다. 그는 종종 지나가는 사람들에게 인사를 받기도 하고, 악의를 품은 사람이 얼굴을 찡그리더라도 인내심 있게 미소를 보냈다. 그는 평범한 중국인들의 외투와 모자를 걸치고 있었으며, 머리는 중국의 관습인 변발을 하고 있었다. 한 번 더 살펴보아야만 그가 서양인임을 알 수 있었다. 그가 바로 옥스퍼드 대학 출신의 젊은 의사인 해럴드 스코필드(Harold Schofield)였다. 그는 그리스도를 위해 출세할 소망을 버렸으며, 중국에 자신을 온전히 바친 사람이었다.

스코필드는 중국내지선교회(CIM)의 눈에 잘 안 띄는 본부의 문 앞에 내려 안으로 들어갔다. 자신이 마을에 나가 있는 동안 긴급 환자는 없는지 보려고 진료실을 잠시 살펴 본 후에 거실을 가로질러 부인에게 인사했다. 음식이 준비되었지만, 그는 사양했다. 잠시 이야기를 나눈 뒤 스코필드는 잠자리에 들기 위해 허름한 계단을 올라갔다.

그는 잠시 번잡하고 시끄러운 거리를 내려다보았다. 배설물과 쓰레기 그리고 씻지 않은 몸에서 나는 악취가 상점과 주택에서 풍기는 냄새와 섞여 진동하고 있었다. 그는 길거리와 강, 멀리 보이는 언덕을 둘러보면서 이 지방과 도시에 있는 수많은 생명들을 다시 떠올려 보았다. 그리스도를 알지 못하는 900만 명, 그리고 이들 사이에 단지 5~6명의 선교사들뿐이라니! 논밭에서 수고하는 농민들, 큰 저택과 넓은 땅을 가진 고급 관리들, 여성들의 속박 당하는 재미없는 삶, 무수한 사찰들, 그리고 석고나 돌, 나무로 만든 우상들도 생각이 났다. 그리고 그의 마음에 아주 멀리 있는 고향집을 떠올렸다. 이곳에서 해안까지 20일. 다시 배를 타고 6주를 항해해야 도착할 수 있는 영국. 영국교회는 오랜 잠에서 서서히 깨어나는 거대한 중국대륙의 수백만 영혼들에 대해 거의 관심이 없었다. 이 영혼들을 복음으로 인도하기 위해 기꺼이 삶의 안락함과 안전을 포기할 준비가 된 사람은 적었다. 그리고 중국 내륙으로 들어온 선교사 중에도 리더십을 위해서 심신이 훈련된 대학 출신의 사람은 거의 없었다. 그러나 맨체스터, 런던 그리고 옥스포드 대학을 우수한 성적으로 졸업한 스코필드는 그런 사람이 이곳에 얼마나 간절히 필요한지를 경험적으로 알고 있었다.

그는 아직 폴힐 터너, 호스트, 비첨 그리고 스미스라는 이름을 전혀 알지 못하던 때였다. 1883년 어느 봄날 저녁, 스코필드는 침대 옆에서 무릎을 꿇고 기도하면서 마음의 짐을 풀었다. 그리고 하나님께서 중국의 영적 필요에 영국교회가 깨어날 수 있도록, 주의 말씀을 전파할 사람을 세워 주시도록 기도했다.

특별히 대학생들의 마음을 사로잡아 주시고 재능과 능력을 소유한 사람들을 부르사 그들로 하여금 중국에서 하나님의 역사를 위해 헌신케 해 달라고 간절히 기도했다. 그것은 믿음이 없다면 터무니없는 기도처럼 보였다. 스코필드가 스물아홉 살에 영국을 떠난 후 2년 반 동안은 자신과 같은 대학 출신의 중국선교 지원자가 거의 없었다. 아프리카와 인도도 마찬가지였다. 그의 선교사역은 아직 미약하고 불투명했다. 그러나 마음에는 부담감이 있었기에 지난 몇 주 동안은 하나님께 기도하기 위해서 식사나 여가조차도 잊고 계속 기도에 매달렸다.

황혼의 빛이 그의 조그만 침실에서 사라질 때, 그는 자신의 생전에 결코 보지 못할 것들을 위해 자기 영혼을 쏟으면서 여전히 무릎을 꿇고 있었다.

한편 한 사람이 중국에서 간절히 기도한다는 사실을 알리 없는 영국의 포병 소위 호스트는 브라이튼시의 저택에 있었는데 지금까지 자신의 결정에 따라 연속적으로 나타나는 결과를 보며 놀라고 있었다. 의심과 무관심은 사라지고, 우울증은 그리스도께서 나와 함께 하신다는 기쁨과 감격으로 바뀌었다. 말씀을 알아가는 것은 특권이자 기쁨이었다. 그에게 성경은 더 이상 지루한 인쇄물이 아니라 하나님의 계시였다.

2주일이 채 못 되어, 복음을 위해 인생을 바쳐야 한다는 생각이 간절해지기 시작했다. 그 외에 다른 것은 모두 의미가 없어 보였다. 그는 '내 삶은 변했다. 나는 그리스도를 알지 못하는 곳에서 복음을 전파하기 원한다. 이방에는 복음을 전혀 들어보지 못한 사람들이 있고 주님은 그들이 복음을 듣기 원하신다. 이제 나는 이 일에 생명을 바치리라.'고 다짐했다. 그리고 인정 많은 아버지에게 자신이 결정한 바를 말씀드렸다. 더불어 장교직을 사임하고 선교사로 외국에 나가는 것을 허락해 달라고 청했다. 그러나 실망스럽게도 호스트 장군은 이를 거절했다. 그는 닉의 믿음이 최근에 생긴 것임을 지적했고, 아무것도 현실을 깰 수 없지만 그의 감정의 강도는 일시적일 수 있다는 것을 상기시켰다. 충동적으로 그러한 속박되는 결정을 내리는 것은 어리석은 것이며 나중에 후회하게 될 것이라고도 하였다.

이렇게 꾸지람을 듣고 호스트는 휴가 마지막 날 와이트 섬에 있는 샌다운 포병 요새로 돌아왔다. 그는 가장 먼저 성미 급하고 까다로운 포병대 사령관에게 자신이 결정한 바를 알렸다. 호스트가 예상했던 것보다 조용했으며 동료 장교들도 지나치게 흥분하거나 싫어하지 않았다. 그는 자신의 일을 잘 수행하면서도 마음은 다른 곳에 있었다. 포병 부대의 어느 젊은 장교는 이렇게 회상했다. "그의 확신이 아주 진지했기 때문에 사람들은 감동받지 않을 수 없었다. 그는 복음의 확신으로 완전히 불타 있었으며, 그 밖의 다른 것은 결코 생각하지 않았다. 그는 자신의 여가 시간 전부를 성경을 공부하며 보내거나, 해변을 가든 어딜 가든 성경을 가르치고 설교하는 데 힘썼다."

호스트의 생각은 지속적으로 선교지를 향했다. 그는 리들리홀에서 돌아온 윌리엄과 편지로 교제하며 케임브리지 대학에서 선교의 불길이 일고 있다는 소식을 들었다. 1883년 봄, 어느 날 윌리엄은 아마 비첨으로부터 받았을 것 같은 중국내지선교회(CIM)에 관한 책자를 보냈다. 당시 중국내지선교회는 세상에 거의 알려지지 않았으며, 창립된 지 18년밖에 되지 않았다. 중국내지선교회의 원칙과 규정은 케임브리지 대학생들과 호스트에게 도전과 격려가 되었다. 그는 이렇게 기록하였다. "내가 깊은 인상을 받은 것은 중국에서의 복음 사역을 위해 모인 그들의 연합된 마음과 자기를 부인하는 희생정신에 있었다. 허드슨 테일러와 다른 분들의 글에 그 특징이 잘 나타나 있었다. 순간순간의 공급과 보호를 위해 하나님을 '단순하고 직접적으로 믿는 믿음'…, '선교사들과 중국인과의 친밀한 일체감…, 근본적인 진리에 대한 확고하고 분명한 이해와 폭넓은 관용의 정신을 결합하는 것….' 이것들은 나의 마음을 사로잡았다."

특히 그는 허드슨 테일러가 저술한 소책자 「중국의 영적 필요와 요구」(China's Spiritual Need and Claims)를 읽고 깊은 감명을 받았다. 그것은 '전혀 복음이 미치지 않은, 전적으로 소망이 없는' 중국 땅의 3억 8천 5백만에 대한 놀라운 소식과 주님의 지상 명령을 일깨우는 분명한 부르심을 담고 있었다.

"너희는 온 천하에 다니며 만민에게 복음을 전파하라." (막16:15)

호스트는 허드슨 테일러의 조용하면서도 강력한 요구가 담겨 있는 책을 읽으면서 '어떻게 영국의 그리스도인들은 수백만의 영혼이 죽어 가는 동안 팔짱만 끼고 있을 수 있는가?'라고 생각했다. 그는 도저히 이러한 사실을 모르는 척 할 수 없었다. '중국인의 수많은 영적 요구는 내 마음에 짐이 되기 시작했다.'

하나님이 이렇게 부르셨다는 확신이 점점 강해지던 5월 어느 날, 그는 아버지로부터 한 통의 편지를 받았다. 그것은 호스트가 아직도 해외선교를 희망한다면 포병장교를 포기해도 좋다는 허락이었다. 그 후 두 달 동안 중국을 향한 마음의 부담은 점점 커져갔다. 당시 허드슨 테일러는 중국에서 돌아온 상태였고, 호스트는 그를 만나기로 하고 먼저 윌리엄에게 자리를 주선해 달라고 부탁했다. 1883년 7월 23일, 그 자신이 세상을 깜짝 놀라게 할 사건에 시발점이 되는 인물이 된다는 사실을 전혀 알지 못했다. 호스트는 어린아이 같은 손으로 허드슨 테일러에게 편지를 썼다. '나는 중국내지선교회를 위해 자신을 드리는 문제를 놓고 얼마동안 생각해 왔습니다…'

그 후에 훈련과 조사 기간을 끝내고 8월 첫 주가 되어서야 비로소 출발할 수 있었다. 호스트는 런던 북부의 마일드메이(Mildmay)에 있는 중국 내지선교회 본부인 조그만 집에서 51세의 나이 많은 선교사와 면담하며 그에게 큰 감명을 받았다. 그의 친절한 몸가짐, 적절한 유머, 그리고 강철 같은 의지는 뭐라 표현할 수 없는 그리스도의 향기와 조화를 이루었다. 그러나 포병장교에 대해 완전히 미련을 버리지 못한 호스트를 중국내지선교회에서 양팔을 벌리고 받아들였다면 오히려 그는 실망했을지 모른다.

호스트는 지난 1월에는 아버지와, 8월에는 허드슨 테일러와 이야기를 나눴다. 허드슨 테일러는 중국에서 사역하는데 따르는 위험과 고립, 중국인과 서양인 양쪽으로부터 모두 소외될 가능성, 그리고 성숙한 사람들에게도 닥칠 수 있는 무거운 영적 압박 등을 역설하면서 호스트의 부푼 열정을 가라앉혔다. 호스트는 대화 막바지, 한 동안 다른 어떤 행동을 하지 않고 잠잠히 인내심을 갖고 더 많이 기도하면서 기다리겠다고 약속했다.

호스트는 다시 겸손해졌다. 이제는 얼마나 분명히 하나님의 뜻을 구해야 하는지 깨달았다. 그러나 브라이튼으로 돌아가기 위해 빅토리아 정거장까지 마차를 타고 가면서, 중국에 가겠다는 그의 열망은 더욱 깊어져 갔다.

산시성(山西, Shanxi)의 해럴드 스코필드는 진료소를 찾아온 중국인으로부터 악성 디프테리아에 감염되어 죽어 가고 있었다. 그는 중국의 필요에 대해 영국 대학생들의 눈을 열어 주시도록 죽기까지 간구했으며, 특히 지난 몇 달 동안 온 힘을 다 쏟았었다.

1883년 8월 1일 스코필드는 허드슨 테일러와 호스트의 면담이 이루어지기 며칠을 앞두고 눈을 감았다.

CAMBRIDGE 7

V

이방 먼 곳으로

V

이방 먼 곳으로

그 동안 스미스의 인생에는 몇몇 결정적인 사건들이 일어났다. 그 중 하나는 남부 런던에 있는 매형의 학교 뉴랜드에서 일하기 전인 1882년, 여름방학 동안 가정교사직을 맡게 된 것이다. 그의 학생은 윈체스터(Winchester)출신의 소년 조지 버로우(George Burroughes)였다. 그는 트리니티 대학에 재학 중인 해리 버로우(Harry Burroughes)의 동생이었으며, 우연히 호스트의 조카였다. 8월 9일 스미스는 노프크(Norfolk)주의 로우스토프트(Lowestoft) 근처 노만스톤(Normanstone)에 있는 집에 도착하였다. 스미스는 이때를 '내 인생 중에서 가장 행복한 5주간'이라고 회상했다. 버로우 사람들은 테니스와 뱃놀이 그리고 오리 사냥을 즐길 뿐 아니라 온전한 그리스도인이기도 했다. 스미스는 가정에서의 모임과 야외에서의 찬양과 심방 그리고 로우스토프트 부두를 짓는 노동자들을 정기적으로 섬기는 일을 감당했다. 그가 노만스톤에서 소개받은 사람들 중에는 낙천적인 성격을 가진 나이가 지긋한 그리스도인인 프라이스 씨(Mr. Price)

가 있었다. 그는 로우스토프트의 남쪽 2마일 떨어진 페이크필드 (Pakefield)라는 해변 마을의 조그만 집에서 살았다.

9월 중순 스미스는 '자기 스스로 밥벌이를 감당하고 진지하게 인생을 출발하라'는 주제로 뉴랜드 학교에서 몇 학기를 가르쳤다. 그것은 힘들지 않으면서 즐거웠고, 그가 가진 운동가적인 재능과 밝고 매력적인 성격으로 인해 학생들의 인기를 독차지하였다. 로이드 그리피스(Lloyd Griffith)가 그에게 많은 자유시간을 주었기 때문에 그는 군인이나 젊은이들의 모임에서 연설하기 위해 런던, 알더숏트 그리고 윈저에 자주 오갔다. 아직도 이기적인 성격은 더 많이 훈련 받아야 했지만, 그의 마음에는 점차 그리스도인다운 섬김이 배어들고 있었다. 뉴랜드에서의 교사직은 짧은 기간이었지만 그리스도인으로서 헌신하도록 많은 도전을 주었다.

스미스는 11월에 긴 주말을 이용하여 무디선교대회에 참석하기 위해 케임브리지로 향했다. 그곳에서 비첨, 키네스톤 스터드 그리고 호스트와 함께 기도하고 예전에 조정을 함께했던 친구들에게 무디의 설교를 들어보라고 권했다. 옛날을 생각하며 친구들과 함께 잠시 노를 젓기도 하고, 두세 명씩 모여 "푯대를 향하여"라는 그날 말씀에 관해 밤이 깊도록 얘기를 나눴다. 스미스에게는 생애 최고의 시간으로 기억될 주말이었다. 선교대회가 대학에 미친 영향으로 스미스는 친구들을 부러워했다. 그것은 그 친구들이 무디가 뿌린 씨앗의 열매를 거두었기 때문이다. 그는 마지막 주일 밤에 상담실에서 섬기면서, 주님을 만나고 돌아간 가이어스의 듀쏘트에게 말했다. 후에 스미스는 '존경하는 무디'에게 소개되었는데, 그는 7년 전에 무디의 설교를 통해 회심한 것을 기억하고, 무디와 감격적인 악수를 나누었다.

스미스는 더 헌신되어 뉴랜드에 돌아왔다. 트위켄햄에 살고 있는 맏형 어니스트(Ernest)는 그가 한결같은 섬김을 할 수 있도록 도움이 되었다. 학교에서는 아이들이 계속하여 그와 얘기하고 책을 읽기 위해 그의 방에 오곤 했다. 가끔은 보람도 있었지만 그는 여기에서 만족할 수 없었다. 그는 12월 31일에 이렇게 기록했다. "아마도 내가 은혜로 말미암아 그리스도를 영접했던 때 외에는 이처럼 중요한 해는 없었다. 주님을 위해 봉사할 수 있었던 많은 날들…. 얼마나 감사할 일이 많던지! 그리고 이처럼 많이 회개하고 부끄러워하고 슬퍼한 적도 없었던 것 같다. 오 하나님, 불성실과 부끄러움과 인간적인 봉사를 용서하소서!"

이런 마음 상태에서 그는 2주 동안 버로우(Burroughes)를 만나기 위해 노만스톤으로 돌아왔다. 처음 열흘은 여름방학 때와 같았다. 드라이브, 산책, 배드민턴, 저녁시간에는 글자 맞추기와 성경읽기, 찬송 부르기 그리고 가난한 사람과 노동자들을 위한 전도 사역을 감당했다. 1월 18일 버로우 부인(Mrs. Burroughes)과 조지(George)는 버링햄(Burlingham)에 계신 할아버지 댁에 갈 예정이었으나 해리(Harry)는 그날 밤에 돌아오지 못할 것 같다고 연락이 왔다. 결국 버로우의 집에는 하인들과 3명의 결혼하지 않은 딸들만 남게 되었다. 빅토리아주의 관습에 따르면 이러한 경우, 젊은 독신 남자 손님은 그 집에서 잠을 잘 수 없다고 했다. 스미스는 페이크필드에서 프라이스 씨와 함께 점심식사를 하기로 약속이 되어 있어 그곳에서 밤을 보내기 위해 작은 손가방을 가지고 걸었다.

이러한 사소한 일로 스미스는 그의 생애에서 두 번째로 결정적인 사건을 맞게 된다. 프라이스 씨는 관대하고 영적인 사람이었다. 스미스가 집에 도착했을 때 프라이스는 식사 중이었고, 이어서 전도 모임이 이루어졌다. 그러다가 그는 1880년대의 그리스도인들에게는 거의 알려지지 않았던 어떤 영적 진리를 발견하게 된다.

당시 케직운동(Keswick Movement)은 초기 단계에 있었다. 에반 홉킨스의 대표작인 「영적 생활과 자유의 법」(The Law of Liberty in the Spiritual Life)은 아직 저술 중이었다. 머지않아 그 운동의 가장 학구적인 옹호자가 될 핸들리 모울(Handley Moule)은 아직 그의 사상을 받아들이지 않았고, 복음주의 지도자인 리버풀의 라일 주교(Bishop Ryle)는 마지막까지 반대했다.

그러나 프라이스는 에반 홉킨스가 말한 '주님을 섬기는 가운데 나타나는 자유와 즐거움에 대한 비밀'을 배우고 있었다. 그는 이에 대해 이렇게 설명했다. '자신의 의지보다는 믿음의 단순한 행위로 하나님께 자신을 온전히 구별해 드릴 때, 성령님은 그 마음에 하나님의 사랑을 가득 채우시고, 상상을 뛰어넘어 실제적인 신성함을 주신다. 그리고 하나님의 임재를 지속적으로 느끼게 하실 뿐 아니라 의무적인 삶이 자유와 사랑의 삶으로 변화되게 하신다.'

그날 1883년 1월 18일 밤에 프라이스와 스미스는 늦게까지 앉아 있었다. 이야기를 나누며 스미스는 '자기 의지' 같은 것이 자신을 방해하고 있음을 보았다. 그는 이것저것 활동하는 것을 좋아했지만 그 방향은 언제나 자기가 중심이었다. 그의 인격에는 여러 결점들이 있었고, '매시간 그리스도 안에 거하는 삶'이 보이지 않았다. 프라이스는 스미스에게 이렇게 말했다. "당신을 붙드시는 하나님은 영원하신 분입니다. 그렇기에 당신은 하루 종일 하나님과 동행할 수 있고 하나님을 온 마음으로 사랑하고 또 내 이웃을 내 몸과 같이 사랑할 수 있습니다. 매일 나의 모든 염려를 하나님께 맡길 수도 있으며, 곤란한 중에라도 평안할수 있습니다. 그리고 우리가 가장 약할 때 가장 강해지기 위해서는 이러한 하나님의 보호하심과 하나님의 능력에 전적으로 의지해야 합니다." 다음해 모울이 스미스의 케임브리지 친구들에게 깨우쳐줄 내용이기도 했다.

참된 거룩함이란 지극히 작은 죄도 결코 타협하지 않고, 또한 주안에서 기뻐하는 것이다. 그러나 프라이스가 말한 바에 따르면 이것은 스미스가 자기를 부인하며 자기 십자가를 질 때, 그를 위해 죽으시고 다시 사신 주님의 손에 자신을 조건없이 넘겨드릴 때에야 가능한 일이었다. 신약에서 보여지는 것처럼 주님은 우리를 '실족지 않도록 지키시고 넘치는 기쁨으로 우리를 그분의 영광 앞에 흠 없는 자로 드리신다.'

그들은 자정이 지나서야 각자의 방으로 들어갔다. 스미스는 이처럼 생생하게 하나님의 거룩하심과 자신의 죄 그리고 그리스도 안에서 믿음이 요구하는 바와 그 가능성을 본 적이 없었다. 잠자리에 들기 전, 그는 일기에 이렇게 기록했다. '나 자신을 완전히(fully) 구별해

드려야 한다.'

다음날 아침 그들은 다시 대화하고 성경을 읽었다. 스미스는 로마서 12장과 고린도후서 7장 그리고 에베소서 5장이 그리스도인에게 주어졌다는 사실을 주목했다.

"너희 몸을 하나님이 기뻐하시는 거룩한 산 제물로 드리라" (롬 12:1)

"그런즉 사랑하는 자들아 이 약속을 가진 우리는 하나님을 두려워하는 가운데서 거룩함을 온전히 이루어 육과 영의 온갖 더러운 것에서 자신을 깨끗하게 하자" (고후 7:1)

"성령으로 충만하라"는 말씀이 자기에게 주시는 것처럼 들렸다. 스미스는 사도행전과 요한복음을 읽으면서 그리스도께서 사도들에게 주신 약속을 소유하기 원했다.

"너희에게 나의 평강을 주노라." (요 14:27)
"구하라 그리하면 받으리니 너희 기쁨이 충만하리라." (요 16:24)
"성령이 너희에게 임하시면 권능을 받을 것이다." (행 1:8)

이러한 비밀은 자신을 온전히 구별해 드리라는 전날 밤의 도전을 받아들이는 데 있었다. 3년 전, '하나님의 은혜로 나를 주께 드리며 주를 위해 살겠다'고 왈더그레이브와 케임브리지에서 서원한 이래 지금까지 스미스는 자신과 그리스도에 대해 더욱 많은 것을 알게 되었다. 그는 보다 깊이 있고, 보다 값진 수준의 헌신을 드릴 준비가 된 것이다.

그리스도께서는 스미스를 부르셨고, 스미스는 거절 할 수 없었다. 아침이 되기 전 스미스는 동쪽 해변의 조그만 마을에서 프라이스와 무릎 꿇고 주님이 원하시는 대로 자신의 전 생애를 사용하시도록 기도했다.

정오에는 프라이스와 헤어져서 노동자들의 모임에 참석하기 위해 로우스트로프에 돌아왔다. 그는 돌아오면서 '나의 모든 것 주의 제단 위에 있네'라는 찬송을 행복하게 불렀다. 스미스는 노동자들의 모임에서 설교하며 새로운 자유를 체험했다. 노동자들은 비좁은 방을 가득 채웠고, 늦게 온 사람은 차가운 바닷바람이 귓전을 때리는 1월, 바깥에 서 있어야 했다. 이날 하나님의 말씀은 권능으로 역사하셨다. 사람들은 스미스의 손을 꼭 잡고 '하나님이 당신을 축복하십니다.'라고 말했다. 그가 노마스톤으로 돌아왔을 때는 점심이 거의 끝나갈 무렵이었다. '나의 마음은 은혜로 충만하여 주님에 관해 잠시 이야기하는 중에도 버로우 집안의 소녀들은 매우 기쁘게 듣고 있었다.' 점심식사 후 그들 모두는 응접실로 갔고, 스미스는 자신의 성경을 펼쳤다. 주님께서 이전에 들어보지 못한 새로움과 '한없이 기뻐하는' 음성으로 말씀하시는 것 같았다.

저녁에 그는 홀(Hall)에 있는 버로우스(Burroughes)와 함께 있기보다는 버링햄 하우스(Burlingham House)에 사는 이웃들과 함께하고자 버링햄으로 가는 내륙행 열차를 탔다. 이 짧은 방문은 그에게 새로운 경험이었고 제리가 큰 도움을 주었다. 제리가 그에게 말라기 한 구절을 보여주었다.

"만군의 여호와가 이르노라 너희의 온전한 십일조를 창고에 들여 나의 집에 양식이 있게 하고 그것으로 나를 시험하여 내가 하늘 문을 열고 너희에게 복을 쌓을 곳이 없도록 붓지 아니하나 보라" (말 3:10)

다음날, 스미스는 주 안에서 느끼는 행복한 마음으로 홀을 향했다. 그곳에는 해리만 있었고, 스미스는 그에게 '제단 위에 다 내려놓았다'고 했다. 그날 오후에는 몸져 누워 있는 한 농장 노동자를 방문했다. 그녀 또한 그 비밀을 배운 듯했다. '주님은 모든 것 가운데 가장 뛰어나신 분이라는 고백과 함께 나를 하늘의 문으로 인도하셨다.'

방문 마지막 날인 1월 21일은 주일이었다. 그 날에는 아주 감미로운 햇빛이 비치고 있었다. 그의 영혼도 햇살처럼 밝게 빛났다. 교회로 걸어가면서 그는 동행자에게 결정적인 도움을 줄 수 있었다. 그 날 지역 모임에서는 두 번의 설교를 하기로 되어 있었는데, 그때마다 성령께서 그들을 감동시키는 것을 느꼈다. 월요일에는 런던으로 여행하던 중에 3명의 낯선 사람들과 영혼의 문제에 대해 대화했으며, 꽤 유익한 시간이라고 느꼈다. 그리고 존 스트리트에 있는 집에 도착하자마자 자신이 받은 은혜와 축복을 누이에게 이야기했다.

로우스토프트에서 스미스는 획기적인 경험을 했고 그것은 금방 사그라지지 않았다. 그는 뉴랜드에 돌아와 지난 한 주간을 돌아보며 이렇게 기록했다. "귀하신 주님을 찬양하라. 내 안에 계시며 나를 채우신다네. 그는 얼마나 선하신지! 오, 이 완전한 포기를 그리스도인 모두가 알 수 있다면! 그리스도는 나의 생명이시다. 얼마나 감미로운 일인지! 내내 노래하면서, 이것은 천국이요, 영원한 기쁨이다."

이런 감격이 몇 주 동안 지속되었다. 시간이 지나면서 그의 황홀경은 지속적인 만족으로 자리잡았다. 그 사랑의 불꽃은 조금도 사그라지지 않았다. 그는 기회가 주어질 때마다 은혜를 간증했다. 그의 영성을 자랑하기 위함이 아니라 사도들처럼 그가 '듣고 본 바를 단지 말할 뿐'이었다. 하나님의 선하심에 대한 주체할 수 없는 감격과 그리스도 안에 있는 기쁨, 그리고 그분을 아는 지식이 그를 에워싸고 있었다.

뉴랜드에 있는 동안 그는 함께 일하고 노는 소년들에게 자기 방에 걸려 있는 '세상의 빛'이란 그림을 보여주는 것을 좋아했다. 그 밑에는 '내가 좋아하는 구절' 요한계시록 3장 20절이 기록되어 있었다.

"볼지어다 내가 문밖에 서서 두드리노니 내 음성을 듣고 문을 열면 내가 그에게로 들어가 그로 더불어 먹고 그는 나로 더불어 먹으리라."

그는 런던에서 복음주의적이며 경건한 모임에 빠지지 않고 참석했다. 이미 은혜를 받았지만 더 큰 은혜를 간절하게 사모했다. 최근 구세군을 시작한 윌슨 칼라일(Wilson Carlile)의 모임에서 그는 주저하지 않고 자신의 죄를 회개하며 성령충만을 간구했다. 그 기도는 주님을 섬기고 온전해지기 위한 성령충만을 위한 것이었다.

새 술에는 절제할 수 없는 솟구치는 힘이 있다. 부활절 휴가 동안 그는 친구들과 힛첸(Hitchen)에 있는 시장의 옥외 모임에 참석했다.

그곳에서 하나님 앞에 무릎 꿇고 영혼들을 위해 오랜 시간 기도를 드렸다. 집에 오는 기차 안에서 그는 옷을 잘 차려입은 젊은이 세 명과 한 자리에 앉게 됐다. 아마도 대학생들 같았다. "그들 영혼에 관해 단호히 말하자 그들은 나를 미친 사람으로 생각하고 비웃었다. 아주 직접적인 이야기를 하고, 나는 무릎을 꿇고 기도했다." 킹스크로스(King's Cross)로 가는 여행 내내 스미스는 열차 안 먼지가 자욱한 바닥에 무릎을 꿇고 큰소리로 기도했고, 3명의 젊은이들은 신문 뒤에 불편하게 자신들을 숨겼다.

그는 믿음의 증인으로 살고자 했고, 영혼을 그리스도께로 돌아오게 하는 하나님이 주신 과업에 진정한 용기를 발휘했다. 어떤 것도 스미스의 열정과 용기를 감당할 수 없었다. 주일에 스미스는 브룬스윅 채플(Brunswick Chapel)에서 E.W.무어(E.W. Moore)의 뒤를 이은 더들리 라이더(Algernon Dudley Ryder)와 YMCA의 E.J.케네디와 함께 하이드 파크에 나가곤 했다. 부랑자들이 많이 모이는 마블 아치(Marble Arch) 근처에 있는 '개혁자들의 나무' 옆에서 옥외모임을 열기 위해서였다.

6월 중순에 이들은 용기를 내어 예배 후에 상류층 사람들이 즐겨 산책하는 하이드 파크에서 첫 옥외 집회를 개최했다. 말쑥한 옷차림을 한 젊은이 세 명이 ─ 라이더는 서른다섯 살에 불과했다 ─ 실크 모자를 곁에 벗어둔 채 아킬레스 동상 옆에 서서 복음을 외치는 모습은 정말 인상적인 장면이었다. 스미스는 꽃장식 모자를 쓰고 산책하는 숙녀들과 정장차림의 신사들에게 큰소리로 외쳤다. 이것은 참으로 놀라운 장면이었다. 그들이 찬송을 부르기 시작하자 여기저기에서 사람들이 모여들었고, 스미스는 말씀을 전하기 시작했다. 뒤이어 라이더의 아주 진지한 설교가 있었고, 그 뒤를 이어 케네디가 설교했다. 주님께서 이 모든 일을 인도하셨다. 깊이 감동을 받은 한 여인은 자신의 이름과 주소를 적어 주었다. 또 자신의 직업을 숨겨왔던 그리스도인인 어떤 남자는 마음에 각성이 일어났다. 그후 스미스와 라이더는 이러한 옥외 전도를 자주하였다. 이제 23세의 스미스는 설득력 있는 설교와 태도로 더욱 성숙해 갔다. 그의 용기는 많은 이들에게 깊은 인상을 주었다. 그는 주일 집회를 열었다. 이것은 결코 그의 능력으로 된 것이 아니었다. 집회 중 어떤 때는 그의 설교가 다 끝나기도 전에 우는 사람들도 있었다. 그것은 주님의 역사하심이었다.

스미스는 큰소리로 말하는 성격은 아니었다. 때때로 너무 길거나 약간 반복적으로 말하기도 했지만 그의 말에는 힘이 있었다. 성경을 풍부하게 인용하고 목표가 분명했으며 가슴에서 나오는 진실된 말이었다. 그는 많은 모임에 초청을 받았으며 전혀 지칠 줄 모르는 열정으로 먼 거리를 여행하였다. 개인면담을 통해 더욱 많은 쓰임을 받았다. 이미 그리스도인이 된 자들에게는 '온전한 헌신'을, 믿지 않는 사람에게는 '개인적인 구원의 필요성'을 강조했으며 그의 주제는 항상 '모든 방면에서 충만하신 그리스도'였다. 그는 하나님께 '제가 어떤 사람과 단 둘이 있을 때 그의 영혼에 관해 말할 기회를 놓치지 않도록' 도와달라고 기도했다. 당시 빅토리아 철로 위를 달리는 열차는 복도가 없었기 때문에 서원한 바를 이행할 기회가 많았다.

이것 외에도 스미스는 말씀연구와 기도에 전념했다. 스미스는 사람들에게 그리스도를 말하는 것만으로도 충분치 않다는 것과 영적 투쟁은 오직 기도를 통해서만 승리할 수 있음을 알았다. 뉴랜드에서는 성경읽기와 기도로 여가시간 모두를 사용하는 때가 많았다. 그는 할 수 있는 대로 오랜 기도시간을 가진 후에 군중 앞에 섰다. 그럴 때, 하나님의 약속을 더욱 분명한 확신으로 붙잡을 수 있었고 하나님의 풍성한 응답을 볼 수 있었다.

3년 전과는 달리 그리스도의 왕국을 확장하기 위한 희생이, 이제는 결코 큰 것이라고 느껴지지 않았다. 그는 가구를 팔고, 학교에서 주는 안락함이 없는 최소한의 생활용품으로 만족하며 주님의 일에 물질을 드렸다. 그러나 그는 결코 광신자가 아니었다. 사람의 마음과 정신 그리고 육체는 휴식 없이 오래 지탱할 수 없다는 것을 알고 있었으므로 테니스를 치며 적절히 휴식을 취하기도 했다. 그에게 세상은 하찮고 덧없는 것이었다. 그는 관행이나 관례 같은 것들을 참지 못했으며, 여러 곳을 여행할 때 조금이라도 돈을 아끼려고 먼 길을 걷는 것과 부랑자들에게 좋은 옷을 주는 것도 마다하지 않았다. 그는 오직 그리스도를 위해, 영혼을 구하고자 하는 열정뿐이었다.

1883년도 지나갔다. 이렇게 활발히 일하면서도 그는 평생의 사역이 무엇인지 모르고 있었다. 구세군의 윌슨 칼라일과 함께하며 가난한 자를 돕는 일을 할 것인가, 아니면 뉴랜드에 머무를 것인가를 놓고 망설였다. 교직도 미련은 없었지만 좋은 기회였다. 그는 지금껏 자신의 사역을 영국교회 내에 한정시켜 왔다. 해외선교에 있어서는

1880년 10월에 받은 에스겔 3장 5절이 아직 그를 붙들고 있었다.

"너를 방언이 다르거나 말이 어려운 백성에게 보내는 것이 아니
요 이스라엘 족속에게 보내는 것이라"

그러나 그는 그리스도를 모르고 살고 있는 수백만의 이방 땅 사람들
을 잊을 수 없었다. 그는 그 말씀과 반대되는 분명한 인도를 받을 때
까지 그 명령에 불순종할 수 없었다.

분명한 방향을 알기 위해 계속 기도하였지만, 가을이 다 지나도록
그에게 응답은 없었다. 그러던 11월 초, 확실한 기도응답이었던지
핸들리 모울(Handley Moule)이라는 사람이 찾아왔다. 그리고 "거룩"
이라는 주제로 리들리 홀(Ridley Hall) 사람들과 그의 친구들에게 설
교해 달라고 부탁했다. 그곳에는 리들리 신학생인 비첨이 있었으며,
여기에서 스미스는 처음으로 아더 폴힐 터너를 만났다.

그달 말, 스미스는 학교로부터 5일간의 휴가를 얻어 런던의 YMCA
에서 설교했다. 다음날 크롬웰 거리(Cromwell Road)에서 비첨과 점
심식사를 하고 런던 제 2차 전도대회를 시작한 무디의 설교를 듣기
위해 함께 원즈워스(Wandsworth)에 갔다. 그들은 이동식 천막을 사
용하여 네 개의 전략 지역을 중심으로 계속하여 복음을 전하고 있
었다. 그날은 몰트레이크(Mortlake)의 래드스톡 선교회에서 스미스가
설교하고 끝을 맺었다. 다음날 11월 29일 오후에 스미스는 오랫동
안 미루어왔던 작은 집회에 대한 약속을 지키기 위해 독킹(Dorking)
근처에 있는 브록햄(Brockham)으로 출발했다. 체잉 크로스(Charing

Cross, 런던시 중심부에 있는 광장 – 옮긴이)에서 열차를 놓쳐 자신의 설교 시간이 시작되기 몇 분전에야 가까스로 도착할 수 있었다.

다음 날에는 그가 기도해 왔던 부분에 대한 인도하심이 나타났다. 여행하는 동안 스미스가 쓴 일기장이 분실되어 자세한 내용은 알 수 없으나 다음과 같았다. "1883년 11월 30일, 하나님께서 이사야 49장 6절 말씀을 내게 주셨다. 이제 나는 에스겔 3장 6절로부터 자유하게 되었다."

> "내가 또 너로 이방의 빛을 삼아 나의 구원을 베풀어서 땅끝까지 이르게 하리라."(사49:6)

스미스는 하나님께서 그를 해외로 부르신다는 사실을 더 이상 의심하지 않았다. 하나님께서는 그를 '이방 먼 곳'으로 보내려 하셨다.

오랫동안 스미스는 중국내지선교회(CIM)에 대해 기도하고 관심을 가져왔다. 그들의 타협 없는 영성과 관용의 정신은 호스트에게도 그랬듯 스미스의 마음을 끌어당겼다. 이렇게 그리스도의 이름이 전파되지 않은 곳에 복음이 심기고 있었다. 그해 말에 스미스는 중국내지선교회에 편지를 썼다. 1884년 1월 4일, 위장병으로 고생했지만 '나는 허드슨 테일러를 만나기 위해 아침에 마일드 메이(Mildmay)를 찾았다. 오후 8시까지 차를 마시면서 중국에 관해 긴 대화를 했다. 나는 곧 그곳에서 하나님을 위해 섬기고 싶었다.' 그날 밤에 존 스트리트에서 위장병으로 인한 극심한 고통에 시달렸지만, 그날 면담에 대한 기억은 또렷했다. 그 이유는 중국이 자신의 운명적인 선교지임을 발견했기 때문이었다.

새학기 초에 스미스는 뉴랜드에서 얼마 떨어지지 않은 클라팜 선교회에 참석했다. 이곳에서는 캐슬(W.W. Cassels) 목사가 사역하고 있었다. 지난 2년 동안 캐슬은 남 램베드(South Lambeth)지역에 밀집되어 있는 빈민가를 위해 조용히 희생적으로 봉사해 왔다. 그에게는 이미 해외선교를 위한 소명이 있었다. 그는 포르투갈에서 태어나 상인이었던 아버지가 돌아가시기까지 첫 10년 동안 그곳에서 살았다. 그러나 그가 가고자 했던 곳은 유럽이 아니라 해외선교회(CMS)와 함께 가는 아주 먼 곳이었다. 스미스와 캐슬은 케임브리지 대학생활 이후에는 서로 알지 못했지만 클라팜선교회를 통해 밀접해졌다. 수년이 지나서 스미스는 그 모임 후에 이렇게 썼다. "우리는 나란히 걸으며 마음을 터놓고 주님과 중국에 관해 진심으로 대화했다." 황량한 2월 날씨 속에서 캐슬은 자신의 선교에 대한 관심이 서서히 중국으로 향하고 있음을 느낄 수 있었다.

3월 26일 수요일, 이 날은 스미스에게 가장 중요한 날이었다. 그는 '아마도 내 일생 중 가장 중요한 날 가운데 하루로 기억될 것이다.'고 말했다. 뉴랜드에서 오전 수업 후, 런던에 가서 어머니를 모시고 올림피아(Olympia)근처 켄싱톤(Kensington)에 있는 무디와 생키의 모임에 참석했다. 이들은 무디가 머물고 있는 집에서 차를 대접받았다. 무디는 이미 스미스의 능력과 초지일관한 성실함에 대해 많은 이야기를 들었으며, 집회 상담실에서 일하는 그를 본 적이 있었다. 무디는 스미스에게 메사추세츠(Massachusetts)에 와서 잠시 선교 훈련원을 도와달라고 요청했다. 그날 밤 허드슨 테일러와 라이더는 저녁식사를 하려고 존 스트리트에 왔고, 거기서 스미스의 선교 소명에 대해 전반적인 얘기를 나눴다. 스미스의 부모는 아들과 헤어지는 아픔이 크지만 CIM에 그를 위탁할 마음의 준비가 되어 있었다.

허드슨 테일러가 가족기도회를 마치고 스물넷의 젊은 선교사 후보와 52세의 노련한 베테랑은 테일러의 집 근처까지 함께 걸었다. 그날 밤 결정은 내려졌다. "허드슨 테일러와 함께 선교사로 중국에 가기로 결정했다. 그리고 미국에 들러 무디 훈련센터를 둘러보았으면 좋겠다." 스미스는 그렇게 썼다.

엿새 후인 4월 1일, 그는 CIM 심의회에서 면접을 거친 후 수습생으로 인정받았다.

허드슨 테일러와 CIM 심의회는 앞으로 전개될 더 큰 일들은 짐작할 수 없었다. 1년 전 선교회는 '하나님께서 우리의 사역을 도울 70명의 동역자들을 부르시고 보내달라'고 전 세계 그리스도인들에게 기도 요청을 했었다. 그러나 이들은 '케임브리지 7인'에 대해서는 아직 아는 바가 없었다. 1884년 2월, D.E. 호스트에게 다시 면담을 받았다. 그러나 그는 자신이 열망하는 곳에 과감히 뛰어드는 것이 내키지 않았다. 심의회는 비공식 면담을 가졌다. 호스트가 앞으로 어떻게 할 것인지 분명치 않았지만 궁극적으로 그가 중국에서 사역하길 원했기 때문이다. 호스트는 무디와 생키의 전도대회 기간 동안 계속 참석하다가 5월에 비로소 자신의 포병 장교직을 사임했다.

CIM위원회는 스코필드가 대학생들을 위해 기도하다가 죽었다는 사실을 알게 되었다. 4월 1일 면담 후 스미스는 위원회의 결정에 따라 많은 송별 모임을 갖기로 되어 있었으며, 대학을 방문할 기회를 얻기 위해서 10월까지 영국에 머물러 있어야 했다. 그렇게 되면서 미국에서 무디를 돕기로 했던 계획은 조용히 취소되었다.

1884년 초여름 남 램베드(South Lambeth)에 돌아온 캐슬은 중국으로 나아갈 방법을 생각하고 있었다. 6월 28일에는 스미스가 하루 동안의 야외 집회가 있어 그곳에 왔다. 스미스는 이전처럼 여름학기의 여가시간을 보냈으며, 알더숏트의 선교회에서 따뜻한 성원을 보내준 폴힐 터너를 만났다. 램베드에서 스미스와 캐슬 그리고 몇 사람들은 길거리에서 함께 찬송하고 각 무리들에게 말씀을 전했다. '사람들은 깊이 감동 받은 것 같았다. 그 후에 우리는 그 사람들을 방으로 인도하였고, 그 중에 그리스도를 영접한 사람이 약 9~10명은 되었을 것이다.'

그들을 돌려보낸 뒤 캐슬과 스미스는 남아서 대화를 했다. 그들은 서로를 격려하며 자정이 가까운 시각에 뉴랜드의 클라팜 공원까지 걸었다. 이후에 스미스는 이렇게 기록했다. '그는 중국에 관심이 많다. 오, 주님 나와 함께 그를 보내 주소서!'

이틀 후에 뉴랜드에서 스미스의 마지막 학기가 끝났고 스미스는 알리사 후작의 요트 "티타니아(Titania)호"의 손님으로 카우스 위크(Cowes Week)에 갔다. "그날 밤 은혜로운 예배를 드렸다. 나는 누가복음 11장 21절을 설교했다. 2등 기관사가 주님께 나아온 것은 분명하다. 그는 주님을 위한 영광스런 증인이 되었다. 카우스 시에서 유명한 에일사 경은 이러한 예배를 많이 드렸다." 캐슬은 먼지와 오물로 뒤덮힌 8월의 남부 램베드에 남아 있었다. 두 사람은 기도했다. 런던에 돌아온 스미스는 8월 17일, 남 램베드에 내려갔다. 점심을 먹고 난 후 두 사람은 구역 교회 주위를 거닐었다.

그날 밤, 스미스는 캐슬에 대해 이렇게 기록했다. "나는 그가 중국으로 가는 길을 분명히 본다." 얼마 후 해외선교회(Church Missionary Society)에서 알려온 소식에 의하면 그의 사역지는 중국의 한 무역항이었는데, 그들은 아직 중국 내륙에서 활동하는 것을 생각하지 않았다. 캐슬은 허드슨 테일러에게 편지를 썼다.

1884년 9월 19일 엘더스 게이트 가의 CIM 행사에 스미스와 캐슬 그리고 호스트가 함께 참석했다. 1880년 호스트의 기숙사에서 호스트와 스미스는 짧은 만남을 가졌었다. 스미스는 '그때 호스트는 포병이었다. 이제 그는 중국에 갈 것이다.'라고 언급했다. 당시 호스트는 중국 선교에 대해 확정한 것은 아니었다.

캐슬의 입장은 더욱 불안정했다. 그의 어머니는 선교에 대한 관심이 큰 믿음의 여성이었다. 그러나 그녀는 영국에 사는 7명의 아들 중에 윌리엄 캐슬을 잃어버린다는 것을 참을 수가 없었다. 드디어 그녀는 번민 중에 허드슨 테일러를 방문하여 아들을 데려가지 말라고 간청했다. 테일러는 이것이 결코 세상적인 기준에서 반대하는 것이 아님을 깨달았다. 그래서 캐슬의 어머니가 아들의 소명에 정말로 반대한다면 부모의 바라는 바를 저버리지 않도록 윌리엄에게 권면하기로 약속했다. 9월 마지막 날, 캐슬과 허드슨 테일러는 오랜 동안 기도했다. 그리고 10월 1일에 어머니 캐슬 부인이 보낸 한 통의 편지를 보며 기도가 응답되었음을 알았다. "아들이 중국에서 사역하는 것이 그의 분명한 의무이며 특권입니다. 만일 내가 그의 어려운 길을 계속 방해한다면 훌륭한 아들에게 나쁜 역할만 하는 어머니가 되겠지요. 나는 그가 인도함을 받는 그대로 따르려고 합니다. 내 아들과 모든 선교 사업에 하나님의 은혜로운 약속을 기대하며 기도하겠습니다."

한편, 스미스의 고별 여행은 이미 시작되었다. 그는 허드슨 테일러와 함께 솔즈베리, 글래스고, 에든버러 그리고 더블린을 방문한 다음, 10월 16일에 런던에 돌아왔다. 그에게 이 여행은 '하나님이 아끼시는 사람'과 함께하는 겸허하고 진지한 경험이었다. 옥스퍼드와 케임브리지를 계속하여 방문한 후에 세 명의 젊은이는 12월, 그들 일생의 사역을 위해 조용히 그곳을 떠날 수 있었다.

그러나 스코필드의 기도 응답은 아직 완전히 응답된 것은 아니었다. 그 출발은 조용한 출발이 될 수가 없었다. 왜냐하면 그 당시 가장 훌륭한 크리켓 선수 마음 속에 있는 영적인 갈등이 해결되려 하고 있었기 때문이다. 그 결과는 스미스와 그의 친구들과 세상에게 엄청난 것이었다.

VI

크리켓 대표선수

VI

크리켓 대표선수

C.T.스터드는 부유한 가정에서 자랐다. 어린 스터드는 레스터셔 (Leicestershire)주의 홀러튼(Hallerton) 그리고 앤도버(Andover) 근처의 테드워스 하우스(Tedworth House)에서 지냈으며, 사냥과 크리켓 그리고 멋진 경마를 할 수 있는 넓은 장소와 환경에서 성장했다. 그의 아버지 에드워드 스터드는 말년을 보내기 위해 북인도 튀르도(North India Tirhdor)의 황마재배농장에서 돌아왔다.

　1875년 이튼 시에서 무디와 생키로 인해 아버지가 회심하게 되면서 찰리와 그의 두형인 키네스톤 그리고 조지는 생활에 놀라운 변화를 겪게 되었다. 아버지 에드워드 스터드는 가족과 친구들을 그리스도께로 인도하려는 생각뿐이었다. 그의 마부는 이렇게 말했다. '겉모습은 변함이 없었지만 내면에는 새 사람이 있었다'

　반면 스터드와 그의 형제들은 무미건조하고 습관적인 종교생활, 즉 '주일에만 반짝'인 삶을 살아왔다. 훗날 찰리는 이러한 생활에 대해 '월요일 아침에는 벗어 던지는 주일 예복과 같았다'고 했다. 그러나 이제 아버지는 진실하고 활력 있는 그리스도인으로 변화되었다. 훗날 스터드는 청년들에게 그 이야기를 길게 간증하면서 이를 두고 '등골을 오싹하게 하는 것'이었다고 말하곤 하였다. '집에 있는 모든 사람들은 회심할 때까지 주눅 든 채 살아야 했다. 아버지의 신앙이 내게 조금도 기쁨을 주지 못했다. 아버지는 한밤중에 내 방에 들어와 나에게 회심했는지 묻곤 하셨다. 그때부터 나는 방문이 열리면 잠자는 척 했으며, 낮에 아버지가 오시는 것을 보면 발소리를 죽이고 다른 문을 통해 밖으로 나갔다'

다음 해, 에드워드 스터드의 기도는 응답을 받았다. 어느 여름날 테드워스 저택을 방문한 한 손님을 통해 그의 세 아들, 즉 키네스톤, 조지 그리고 찰리가 차례차례 그리스도를 영접한 것이다. 그 손님은 웨더비(Weatherby)라는 젊은이었는데, 적절한 유머와 품위를 가지고 있어 존경받는 사람이었다. 찰리 스터드는 이때를 다음과 같이 회상했다. "바로 그때 기쁨과 평강이 내 영혼 속으로 들어왔다. 그때 '다시 태어난다'는 말이 무엇인지를 알게 되었다. 그렇게 무미건조했던 성경이 이제는 나의 모든 것이 되었다."

그러나 스터드 형제들은 자신에게 일어난 변화를 서로에게 용기 있게 말하지 못 했다. 그런데 이 사실은 이튼에서 다음 학기 초에 아버지가 보내온 편지에 의해 모두 밝혀졌다. 그 후 얼마 안 되어 에드워드 스터드는 죽었지만, 그의 아들 키네스톤이 아버지의 전통을 유지하여 성경학교를 설립했다. 찰리가 79년도에 그 집을 떠났을 때 집 관리인은 찰리에 대해 '자신의 영향하에 있는 사람들에게 선한 일을 못한 사람'이라고 했다. 그러나 그의 관심은 점점 스포츠로 향했다. 1879년 그는 이튼과 하로우에서 가장 뛰어난 크리켓 선수이자 주장이기도 했다. 이것은 그의 타고난 재능보다는 강한 의지와 훈련 덕분이었다.

1879년 트리니티 대학에 진학하면서 그는 스미스와 비첨, 윌리엄 호스트와 함께 신입생이 되었다. 스터드는 곧바로 대표선수로 뽑혔고, 4년 연속 케임브리지 대학 선수로 뛰었다. 그는 1883년, 형 조지를 이어 주장이 되었으며, 1884년에는 형 키네스톤이 주장이 되었다. 1882년에 케임브리지 대학이 무적의 오스트레일리아 팀을 꺾었던 해부터 그는 국가적으로 이름을 알리기 시작했다. 아무도 예상치 못했던 일이었다. 아직 대학에 재학 중인 스물한 살의 스터드는 그해 8월 오벌(Oval) 경기장에서 열린 크리켓 국제 시합 결승전에 선수로 출전했다. 영국이 승리할 것 같았지만, 오스트레일리아 팀에게 8점 차로 패하고 말았다. 이때에 "큰 치욕" (The Ashes)이라는 말이 새로 유행했다. 주장이 판단을 잘못해서 타순을 바꾸는 바람에 스터드가 마지막으로 나갔으며, 결국 볼 하나도 받지 못했다. 그 경기는 한 관중이 자신의 우산 손잡이를 입으로 물고 씹을 정도로 너무 흥분되었다.

1882년 C.T.스터드는 최고의 타율이었고 투수력으로는 15위였지만 탈삼진은 두 번째로 높았다. 빅토리아 왕조 시대의 가장 유명한 크리켓 선수이자 글로스터셔주의 의사인 W.G.그레이스는 스터드에 대해 다음과 같이 이야기 했다. "그는 유명한 크리켓 선수들 가운데 가장 훌륭한 선수였다. 1881~4년 동안 그보다 더 뛰어난 선수는 없었다. 그의 타격과 투구는 대단했다. 타격은 자유로우면서도 정확했고 그 시대 최고 투수들에게서 많은 점수를 뽑아냈다. 그는 적절한 속도와 원형의 팔 동작과 기계 같은 투구법으로 볼을 던졌다. 타자 우측 전방에서 멋진 커브를 그리는 볼이었다."

1883년, 스터드는 재학생과 후배들의 우상이었으며, 선배들로부터 칭찬받는 크리켓 가족의 대명사였다. 그러나 그리스도인으로서 그는 내세울 것이 없는 사람이었다. '나는 그리스도의 사랑을 사람들에게 전하기보다, 나만 아는 이기적인 사람이었다. 그 결과 주님께 대한 사랑은 식어가기 시작했고, 반면에 세상에 대한 사랑은 깊어 갔다.' 그는 지난날을 돌이켜보며 이러한 '불행하고 타락한 상태'에서 대학 시절을 낭비했다고 생각했다. 사실 그는 피아노 주위에서 생키의 노래를 부르거나 성경을 읽고 기도하는 것이 싫지는 않았다. 때때로 그는 '매일 기도 모임'(Daily Prayer Meeting)에 나갔으며, 스미스가 신입생들에게 발급한 카드를 기꺼이 받기도 했다. 게다가 그는 그리스도인으로 인정되었다. 훌륭한 크리켓 솜씨, 쾌활한 성격, 좋은 인상 그리고 친절한 마음 등으로 그는 대학 내에서 가장 인기 있는 사람이었다.

그는 그리스도인으로서도 상당한 영향력이 있었다. 그러나 그는 아직 한 사람도 그리스도께 인도한 적이 없었다. 반면에 그의 형 키네스톤은 달랐다. 언젠가 그는 키네스톤에게 이렇게 편지했다. "우리 크리켓 친구들은 형을 진지한 사람이라고 말하곤 합니다. 형이 하나님과 사람들에게 진실하고, 무엇보다 그들 영혼에 대해 이야기할 때 더욱 진지해지니까요." 아무튼 찰리는 쉬운 길을 택하고 싶었다. 그는 주 예수 그리스도 안에서 형의 용기와 충성심을 흠모했고, 그로 인해 생긴 경각심으로 쉽게 믿음을 져버리지는 않았지만 그의 신앙은 여전히 무기력했다. 점잔빼는 말, 횡설수설, 진심이 없는 말, 적당주의. 그는 이러한 자신에 대해 '감추어진 진리를 발견하려고 성경을 공부했지만, 결코 순종이나 희생은 없었다.'고 말했다.

1882년 가을, 무디의 케임브리지 선교대회동안 스터드는 M.C.C.팀과 함께 오스트레일리아에 건너가 지난날의 '큰 치욕'을 씻었고 이듬 해 봄에 돌아왔다. 오랫동안 아버지와 친분이 있던, 나이가 지긋한 두 여인이 스터드의 재헌신을 위해 열심히 기도해왔지만 그 기도는 응답되지 않는 것처럼 보였다. 1883년 시즌이 끝날 무렵에 스터드는 만능선수로 2년 연속 수위를 차지하였다. 3개 부분에서 놀라운 선수로 이름을 날렸고, 그의 명성은 최고조에 있었다.

1883년 11월 말, S.P.스미스는 서리(Surrey)주의 브록햄(Brockham)에 있었다. 선교지에 대한 분명한 인도하심을 받기 위해서였다. 이때 스미스와 나이가 비슷하면서 우애가 가장 깊었던 조지 스터드가 심각한 병에 걸렸으며 찰스 스터드는 12월 케임브리지에서 온 후에야 형 조지 스터드의 생명이 위험하다는 것을 알았다. 그는 슬픔과 걱정으로 풀이 죽어 있었다. 그는 병실에 앉아 특별히 깔아 놓은 지푸라기 위로 마차와 손수레가 부드럽게 지나가는 길거리와 좁은 정원을 바라보면서 자기 인생을 진지하게 바라보기 시작했다.

한밤중에 그는 형이 깨어나지 않도록 방안을 반쯤 어둡게 한 후에 '이 세상이 정말 가치 있는지'를 생각해 보았다. '매일 밤 삶과 죽음 사이를 배회하는 형을 침대 곁에서 바라볼 때 하나님은 내게 이 세상의 명예와 쾌락 그리고 부에 어떤 가치가 있는지를 보여주셨다. 이러한 모든 것들이 형에게는 아무 도움이 되지 못했다. 형은 오직 성경과 예수 그리스도께만 관심을 가졌다. 이러한 상황 가운데 하나님은 똑같은 교훈을 내게도 주셨다.'

1884년 1월 첫 며칠 동안, 찰스 스터드는 '하나님은 나를 다시 찾으셨다.'고 말했다. 그는 아주 겸손하고 새로운 마음으로 주님께 헌신했다. 그리고 하나님의 손길이 인생의 모든 사건을 주관하고 계심을 강조하는 듯 '하나님의 선하심과 사랑 가운데 형의 건강은 회복되었다'고 고백했다. 형 조지가 위험에서 벗어나자마자 찰스는 성 팽크라스(St. Pancras)에서 열린 무디 모임에 참석했다. '거기에서 주님은 나를 다시 만나주셨고, 구원의 기쁨을 나에게 되찾아 주셨다.'

그는 즉시 '무엇이 가장 중요한지' 알게 되었다. 그는 영적인 일에서 깊은 만족을 맛보았다. 그는 자신의 결정을 친구에게 말하기 시작했다. 즉 친구들을 무디나 대학 내 복음사역으로 인도하고, 그 동안 크리켓에 쏟았던 정열과 의지를 이제 그리스도께 드리겠다는 것이다. '주님은 완전한 사랑이셨다. 주님은 가장 가깝고 친한 친구 한 명을 구원하심으로 나를 격려하셨다.' 나중에 그는 자주 이렇게 말했다. '주 예수 그리스도에게 한 영혼을 인도했을 때 나에게 주어지는 기쁨이 어떤 것인지 이루 말로 표현할 수 없다. 나는 이 세상이 줄 수 있는 대부분의 쾌락을 소유했었다. 나는 내가 모든 걸 경험해봤다고 생각했었다. 그러나 한 영혼이 구원받았을 때 주어지는 기쁨은 이러한 쾌락들과 비교할 수 없다고 나는 말할 수 있다.'

케임브리지에서 마지막 학기를 마친 후, 부활절 휴가동안 런던에 돌아온 그는 계속 무디의 전도대회를 도왔다. 3월 23일 주일, 스터드는 거기에서 S.P.스미스를 만났다. 이들은 유익한 대화를 나누면서 성 팽크라스에서 하이드파크까지 걸었다. 크리켓 시즌이 시작되면서 스터드는 '반드시 경기장에 나가야 한다. 그리고 사람들에게 주 예수를 알려야 한다.'는 사실을 깨달았다. 그는 이제 크리켓보다 무한히 더 좋은 것을 발견했다. '내 마음은 더 이상 경기에 머물러 있지 않았다. 나는 주님을 위해 영혼들을 얻기를 원했다.' 그는 선발 선수들을 데리고 가서 무디의 설교를 듣게 했다. 그 곳에서 훌륭한 타자들인 웨브(A.J.Webbe)와 스틸(A.G.Steel) 그리고 주장인 불리(Ivo Bligh), 그리고 던레이 경(Lord Darnley)이 그리스도를 영접했다고 차례차례 스터드에게 고백했다. 스터드는 인생의 마지막까지 이들과 깊은 교제를 가졌다.

1884년 6월 19일, 무디의 전도대회는 막을 내렸다. 크리켓과 영적 사역을 조화시키면서 스터드는 행복했다. 앞으로 딱히 무엇을 할지는 생각하지 않았다. 그러나 이제는 주 예수 그리스도를 위한 자신의 평생 사역이 무엇인지를 알고 싶었다. 그는 '나는 오직 주님만을 섬기기 원한다.'고 고백했다. 스터드는 마음이 급했으며, 자신의 능력과 영향력을 의식했다. 그리스도께 쓰임 받으며 하나님 사역의 적소에서 어떤 발자취를 남기려는 마음이 앞섰다.

하지만 그는 하나님의 분명한 인도하심을 발견할 수 없었다. 친구들의 조언을 구했으나, 그들은 한사코 반대할 뿐이었다. 그가 결심하고 노력할수록 그는 더욱 초조해졌다. 무디가 떠난 후 몇 주가 지나자 스터드는 감정적 혼란이 과도해져 건강이 악화되었다. 그는 건강을 회복하기 위해 시골로 내려가야만 했다.

7월에서 9월까지는 스미스, 캐슬 그리고 호스트가 중국 선교를 준비하던 때였다. 이 동안 스터드는 하나님의 인도하심을 기다리며 성경공부와 기도로 많은 시간을 보냈으며 마음의 평안을 되찾고 있었다. 이제 그는 주님을 위한 자신의 평생사역이 무엇인지 보여주실 때까지 변호사 공부를 하기로 결정했다.

그러나 10월 초, 하이드 파크에서 돌아오자마자 이 결정이 잘못된 것처럼 보였다. 그는 복음운동에 자신의 전 생애를 바쳐야만 했다. 그에게는 상속받은 많은 유산이 있었다. '하나님은 내게 몸과 마음을 유지하는데 충분하고 남을 만큼의 재산을 주셨다. 그러나 수백만의 영혼들이 예수 그리스도의 복음을 듣지 못하고 매일 타락해가고 있으며 그리스도도 희망도 없이 죽어가고 있다. 나는 어떻게 나 자신과 세상의 명예와 쾌락을 위해 가장 귀중한 시간을 허비할 수 있겠는가?'

스터드의 마음은 오직 한 길을 향해 움직이고 있었다. 그 외의 다른 것들은 전혀 마음에 들어오지 않았다. 즉, 적어도 영혼을 얻기 위한 자율적인 헌신만이 자신을 만족시킨다는 것을 알았다. 그는 '성경을 더욱 열심히 읽으며, 내가 해야 할 일이 무엇인지를 하나님께 간절히 구하기 시작했고 이 문제를 혈과 육에 의지하는 것이 아니라 하나님이 내게 보여주실 때까지 기다리겠다.'고 결단했다.

하나님이 그에게 첫 번째로 보여주신 것은 스터드 자신이었다. 9월 말에 친한 친구로부터 응접실 성경공부 모임에 오라는 초청을 받았다. 말씀 한 구절을 읽고 공부하는 중 누군가가 모두들 잘 알고 있는 한 여성에 관해 이야기했다. "여러분은 그 자매가 받은 특별한 축복에 관해 들었습니까? 그녀는 거의 전 생애동안 진실한 사역자로 일해 왔고, 자연적으로 그녀를 억눌려 온 많은 고통과 슬픔을 겪었다는 것도 여러분은 알고 있습니다. 그러나 요즈음 하나님은 수없이 많은 고난을 당해도 전혀 영향을 받지 않도록 그분에게 축복을 주셨습니다. 그 무엇도 그녀에게는 고난처럼 여겨지지 않는 듯합니다. 그녀는 완전한 평강의 삶을 살고 있습니다." 그들은 이러한 축복이 성경에 약속되어 있는지 알아보기 위해 다시 성경으로 관심을 돌렸다. 그리고 헤어지기 전에 사람들의 이해를 초월한 형언할 수 없는 기쁨이 모든 그리스도인에게 주어졌다는 사실을 확신했다. 그리고 그들은 무릎을 꿇고 이러한 축복이 자신들에게도 임하기를 기도했다.

자신의 방으로 돌아온 스터드는 다시 무릎을 꿇고 아주 오랫동안 열심히 기도했다. 어떤 분이 그에게 미국에서 출판된 인기 있는 책 한 권을 주었다. 한나 퍼잘 스미스(Hannah Pearsall Smith)가 저술한 「행복한 생활에 관한 그리스도인의 비밀」(The Christian's Secret of Happy Life)이었다. (그로부터 4년 후 이 책은 영국에서 출간되어 베스트셀러가 되었다.) 이 책은 그들이 성경공부에서 토론해왔던 바로 그 가능성을 간결하면서도 실제적인 언어로 다루고 있었다. 저자인 퍼잘 스미스 부인은 그 책에 이렇게 썼다. '안식과 승리가 있는 축복받은 내면생활로 들어가기 위해서는 다음의 두 단계를 거쳐야만 한다. 첫째, 완전한 자기포기. 둘째, 절대적인 믿음.' 때때로 무릎을 꿇고 혹은 의자에 앉아 이 책을 읽으면서 스터드는 왜 자신이 이런 축복을 받지 못했는지 깨달았다. 그것은 자신이 '전적으로 하나님께 속하려 하지 않았기 때문'이었다. "나는 예수 그리스도가 나를 대신하여 죽으셨다는 사실을 알고 있었다. 그러나 그분이 나를 위해 돌아가셨기에 나의 삶이 더 이상 내 자신에게 속하지 않았다는 것을 결코 이해하지 못했었다. 구속이라는 말은 '다시 사들인다'는 의미이다. 그러므로 주님이 '나를 소유했다.'고 할 때 모든 것을 하나님께 속하도록 해야 한다. 그렇지 않으면 나는 도둑이 되는 것이다. 예수 그리스도께서 나를 위해 죽으셨음을 알았을 때, 주님을 위해 모든 것을 포기하는 것이 어렵지 않게 보였다. 오히려 가장 자연스런 것으로 받아들여졌다."

그가 그 동안 '주님께 나 자신을 맡기지 않았으며 전적으로 굴복하지 않았다.'는 것을 발견하고 스터드는 무릎을 꿇고 마음 깊은 곳에서 F.R.하버갈의 찬송 구절을 암송했다.

나의 생명을 받으소서
그리고 주여 당신에게 헌신하게 하소서

다음 단계는 믿음이다. 이것은 하나님께서 자신을 드린 사람들의 생명을 받으시며, 또한 그 생명을 지키신다는 것을 굳게 확신하는 것이다. 그 이후로 스터드는 자신이 죽는 날까지 자신의 중요한 특징을 견지했다. "나는 내 생명이 단순하고 어린아이 같은 믿음으로 존재해야만 함을 깨달았다. 주님이 나를 통해 주님이 기뻐하시는 일을 하도록 그분을 신뢰해야만 한다. 하나님은 나의 사랑하는 아버지시며, 나를 인도하고 지키실 뿐 아니라 그것을 선하게 성취하고 계셨다."

스미스가 1883년 1월, 로우스토프트에서 발견한 영적 진리를 스터드는 1884년 9월 런던에서 발견했다. 평안함과 안전, 넘치는 만족감 그리고 어디든지 보냄받은 그 곳으로 기꺼이 가겠다는 사명감이었다.

그로부터 얼마 되지 않아 그에게 그의 미래를 비추는 빛이 비추었다. 최근의 영적인 경험 전까지만 해도 그는 해외선교에 대해 마음이 없었다. '나에게는 영국만으로 충분하다.'는 게 그의 생각이었다. 그러나 곧 해외선교에 대한 부르심에 응답하게 되었다. 그것은 꽤나 간단한 문제였다. 그리스도를 증거하는 모든 그리스도인과 그리스도를 믿지 않는 사람들과의 비율을 비교하는 것만으로 충분했으며, 더욱이 개척자의 피가 그의 혈관에서 용솟음치고 있었다. '희생'이라는 단어는 그가 하나님의 일을 하면서 느끼는 기쁨을 표현하기에 부적절한 단어처럼 보였다.

11월 1일 토요일, 스탠리 스미스가 케임브리지와 옥스퍼드에서 고

별방문을 마치고 런던으로 돌아왔다. 그의 만남은 비공식적인 것들이었다. 대학 내에서 종종 있는 대중집회나 두 세명이 함께 하는 아침 또는 점심식사, 성경읽기 또는 기도모임에서 하는 짧은 설교 등이었다. 토요일 아침 11시경, 페딩톤역에서 존스트리트에 있는 집으로 돌아오던 중에 스탠리 스미스는 스터드가를 방문하기 위해 하이드파크 2번가로 역마차를 몰았다. 마침 키네스톤과 스터드는 집에 있었다. 스미스가 귀국한 존 맥카시(John McCarthy)선교사의 고별예배 때문에 그 날 저녁까지 CIM본부에 가야 한다고 말했을 때, 찰리는 자신도 같이 가겠다고 했다.

그 예배에서 CIM의 창시자 중의 한 명인 맥카시 선교사는 지난 20년 동안 자신이 받은 소명에 관해 얘기했다. 그리고 수천 명의 영혼들이 주 예수를 알지도 못한 채 밤낮으로 죽어가는 중국의 엄청난 영적 필요에 대해 역설했다. 맥카시가 말할 때 스터드는 "하나님이 참으로 나를 중국으로 인도하신다."고 확신했다. 맥카시의 설교가 끝나고 '주께서 나를 인도하시네'를 찬양하다가, 스터드는 그 자리에서 일어나 자신이 중국을 위해서 헌신하는 것을 잠시 생각해 보았다. 만일 그가 이 자리에서 서원한다면 충동에 의한 것이라고 말할지 몰랐다.

모임이 끝났을 때, 그는 조용히 혼자 나와 인도하심을 위해 기도했다. 중국 선교에 자신이 헌신된다면 크리켓을 그만두게 되고 그의 국가적인 명성조차 사라질 것이지만 거기에 대해서는 조금도 걱정하지 않았고 세상 친구들의 몰이해도 개의치 않았다. 오히려 앞으로 닥쳐올 고난에 대해 그는 기대감에 차 있었다. 그러나 오직 한 가지 생각 때문에 그는 머뭇거렸다. 그의 어머니가 크게 낙심하실 것을 알았다. '내가 떠나게 되면 어머니의 사랑을 보답할 수 있을까? 나를 위해 헌신하신 어머니의 상처를 어떻게 대할 수 있을까?' 그는 자신의 포켓 성경을 펼쳤다. 마태복음 10장의 한 구절이 그의 의문에 답하는 것처럼 보였다. "아비나 어미를 나보다 더 사랑하는 자는 내게 합당치 아니하고" 그 구절을 보면서 자신이 가는 것이 하나님의 뜻임을 알았다.

스터드는 그 모임에서 아무에게도 이야기하지 않았다. 세련된 두 젊은이가 덜컹거리는 마차를 타고 에섹스 거리(Essex Road)를 따라 집으로 돌아가는 중에, 스터드는 스미스에게 '중국으로 갈 것을 결정했다.'고 말했다.

스탠리 스미스는 그 소식을 듣고 매우 기뻐하였다. 그래서 존 스트리트에 도착하여 스터드와 헤어진 후 시간이 늦었지만 마일드메이의 중국내지선교회에 돌아가기로 했다. 맥카시에게 그 소식을 전하고 멀리 시골에 있는 허드슨 테일러에게도 편지를 쓰기 위해서였다. 11월 1일 밤, 스미스와 동료들은 찬양과 감사가 넘치는 가운데 하루를 마쳤다.

그러나 스터드는 여전히 갈등 속에 있었다. 그는 즉시 형 키네스톤에게 자신의 결정을 전했다. 형 키네스톤으로서는 이 소식이 어머니에게 어떤 의미이고, 또 지난 4개월 동안 스터드의 이상 행보를 잊지 않고 있었기에 인도함의 확신에 대하여 의심할 수밖에 없었다. 이어서 스터드는 어머니에게 그 소식을 알렸다. 그가 우려한 대로 그녀는 괴로워했다.

그 이후 이틀간은 악몽과 같았다. 11월 3일 월요일 밤에 스터드의 곁에 있었던 비첨은 그 상황을 이렇게 기록했다. '나는 스터드가 그렇게 우울해 하던 것을 이전엔 전혀 보지 못했다.' 그는 어머니에 대해 이야기하면서 자기 인생 가운데 그렇게 고통스럽고 슬픈 이틀은 결코 없었다고 말했다. 어머니는 매일 찰리에게 마일드메이에 가지 말 것과 허드슨 테일러에게 그의 뜻을 말하기 전에 일주일만 기다리라고 간청했다. 스터드는 자신을 광신자처럼 여기는 어머니와 형 키네스톤의 간청을 들으려 하지 않았다. 월요일 밤, 키네스톤은 마지막으로 시도했다. "찰리(C.T.스터드), 나는 네가 크게 실수하고 있다고 생각한다. 너는 매일 모임에 나가 있기 때문에 어머니를 볼 수 없지만, 나는 매일 어머니께서 그 일로 마음 아파 하시는 것을 본단다." 스터드는 형의 말에 대답했다. "우리 하나님께 기도해요. 나는 내 고집대로 하고 싶지 않고, 내 뜻대로 나가고 싶지도 않아요. 다만 하나님의 뜻을 행하기 원합니다." 키네스톤은 찰리의 도움과 권면은 항상 유익했지만, 그 결정은 실수라고 찰리를 설득하기란 어려웠다. 그들은 꿇어 기도하며 모든 것을 하나님께 맡겼다. 후에 스터드는 이날의 상황을 다음과 같이 말했다. 그날 밤 나는 잠들지 못했다. 그러나 누군가 반복해서 이 말씀을 하는 것 같았다.

"내게 구하라 내가 열방을 유업으로 주리니 네 소유가 땅 끝까지 이르리라" (시 2:8)

이 구절이 그에게 확신을 주었다. 11월 4일 화요일, 그는 마일드메이로 갈 뜻을 정하고, 허드슨 테일러를 방문하여 승낙을 받았다. 그러나 갈등은 아직 끝나지 않았다.

다시 한번 마차를 타고 어두컴컴한 에섹스 거리를 내려올 때, 형과 어머니의 눈물어린 간청으로 스터드의 마음은 극도로 심각해졌다. 이런 상황이 오랫동안 계속되자, 선교에 대한 그의 서원은 흔들리기 시작했고 번복하려는 유혹을 받았다. 킹스 크로스 지하철역에서 내려 베이스워터(Bayswater)행 기차가 증기를 내뿜으며 들어오길 기다리며 서 있을 때, 그는 절망 속에서도 분명히 인도하시는 말씀을 위해 기도했다. 그는 자신의 포켓 성경을 꺼내, 어깨너머에서 깜박이는 플랫폼의 등불에 의지해 성경을 읽었다.

"사람의 원수가 자기 집안 식구라" (마 10:36)

이것으로 그의 길은 분명해졌다. 어머니는 스터드가 그 결정을 굳혔다는 것을 알았을 때 더 이상 반대하지 않았고, 남은 여생동안 그를 진심으로 후원했다.

VII

횃불은 타오르다

VII

횃불은 타오르다

C. T. 스터드의 결단은 계속하여 성장하는 모임에 영향을 끼쳤다. 특히 비첨에게 그 효과가 즉각적으로 나타났다. 그는 2년 전에 무디의 케임브리지 선교를 통해 자신의 인생을 그리스도께 헌신하는데 큰 힘을 얻었었다. 그리고 1883년에는 리들리홀에 들어가기 위해 트리니티를 떠났다. 그는 고향에서 목회를 할 생각이 가득했었다가 그해 말이 되어, 목회로의 부르심의 실재를 의심하기 시작했으며 런던에 살며 무디의 집회를 도우며 많은 시간을 보내고, 뉴랜드에 있는 S. P. 스미스를 자주 방문하면서 런던에서 살려고 리들리를 떠났다.

줄곧 무관심했던 C.T. 스터드는 더욱 전심을 다해 헌신하고 있던 반면 비첨은 84년 여름, 알려지지 않은 어떤 이유로 믿음에 심각한 타격을 받았다. 그는 잇따르는 의심과 영적 혼란 속에서 길을 잃고 헤맸다. 그를 돕기 위해 온 가족이 모였고, 더 이상 그 명분 때문에 방황하게 둬서는 안 된다고 결정했다. 10월 초 그들의 기도는 응답되었다. 비첨이 하나님께 다시 헌신하는 깊은 영적 체험을 하는데 비첨의 큰 누나인 아이다가 큰 역할을 했던 것이다.

짧은 시간의 방황으로 그는 자기를 버리지 않으시는 그리스도를 더 풍성히 사랑하게 되었다. 이제 그는 자기 인생에 두신 하나님의 뜻을 발견하기로 결심했다. 스탠리 스미스의 중국행이 임박하게 되자, 비첨의 고향인 사우스 켄싱톤에서는 큰 화제거리가 되었다. 비첨은 호스트, 스미스, 아더 폴힐 터너에게 CIM 중개인처럼 행동했지만 정작 자신이 해외로 인도함 받고 있다는 것을 깨닫지 못했다.

10월 18일, S. P. 스미스는 스코틀랜드와 아일랜드에서의 첫 번째 송별 여행을 마치고 생기 넘치는 모습으로 돌아왔다. 비첨은 '마일드메이의 젊은이들 모임'에서 그를 만났다. 그리고 며칠 후에 비첨은 우연히 '이상하지만 사실인 이야기'라는 팜플렛을 보게 되었다. 그 소책자는 선교지의 요구사항들을 우화를 사용해 매우 효과적으로 설명하고 있었다. 비첨은 그것을 보며 개인적인 도전을 받았다.

그로부터 열흘 후인 11월 1일, 스터드가 갑작스러운 결단을 내렸다. 힐다 비첨이 근래에 키네스톤과 약혼을 했기 때문에 비첨은 그의 가족들과 가까워져 있었다. 그러면서 키네스톤의 의기소침한 모습, 스터드 어머니의 눈물, 그리고 찰스 스터드의 은밀한 결단을 바라보며 의아한 마음으로 크롬웰가로 돌아왔다. 그는 스터드의 어머니를 보며 자신의 어머니를 생각해 보지 않을 수가 없었다. 그는 어머니에게 이렇게 편지를 썼다. "제가 잘못 생각하고 있지 않는 한, '측량할 수 없는 그리스도의 부요함을 전하기 위해' 제가 믿지 않는 이들에게 가는 것이, 어머니의 기쁨이며 즐거움이라고 하시는 말씀을 종종 들어왔습니다. 찰스 스터드는 가족들의 반대에도 불구하고 기꺼이 가려 하는데, 오히려 방해하기 보다는 격려해 주는 어머니를 가진 사람이 주저할 수 있겠습니까?"

이러한 생각들의 배후에 하나님이 계셨음을 증명이나 하듯 11월 3일 월요일, 비첨은 쉐퍼드 부시 근처, 케임브리지 친구의 교구에서 열린 '거룩한 모임'에 가서 뜻밖에도 S. P. 스미스를 만났다. 두 사람은 지하철을 타고 함께 돌아가면서 소음과 매연, 흔들거리는 진동에도 불구하고, 중국에 대해 진지한 이야기를 나누었다. 비첨은 사우스 켄싱톤에서 빅토리아까지 계속 스미스와 동행하기로 했다. 거기에서 그들은 스미스가 기차를 탈 때까지 가게에서 차를 마시며 이야기 했다.

화요일에 S. P. 스미스는 리치먼드 공원에서 래드스톡 경의 어린 딸들 그리고 그들의 가정교사들과 함께 전원 풍경을 즐기고 있었고, C. T. 스터드는 허드슨 테일러와 함께 마일드메이에 있었다. 이때 비첨은 스터드의 집을 다시 방문했으며, 키네스톤 스터드는 자신이 고민하는 것을 털어 놓았다.

그날 저녁, 비첨은 새로운 자연사 박물관 맞은 편에 있는 크롬웰가의 자기 방으로 돌아와, 성경을 공부하며 기도했다. '나는 전에는 결코 경험한 적이 없는 방식으로 그분의 임재하심을 깨달았다.' 이러한 경험을 어머니에게 말씀드렸다. 그날 이른 저녁, 역 플랫폼에서 하나님은 스터드에게 말씀하셨고, 켄싱톤 집의 고요함 속에서 비첨에게도 말씀하셨다. 비첨이 성경을 읽으며 기도했을 때 자신이 갈 뿐 아니라 다른 사람들도 독려해야 함이 분명해졌다.

다음날 아침, S. P. 스미스가 11시쯤 집사의 안내를 따라 들어왔을 때 자기의 키가 큰 친구 비첨이 '온 세계로 가기'를 결단했다고 말하며 기뻐서 어쩔 줄 모르는 모습을 보았다. 11월 5일, 같은 날 오후에 스미스, 스터드 그리고 호스트는 옥스퍼드로 떠났다.

그 해 봄, 호스트는 군대에서 퇴역했고 경험을 쌓기 위해 무디의 상담실에서 일했다. 그는 4월 15일 허드슨 테일러에게 편지를 썼다. "CIM(중국내지선교회) 지원자라는 이유 때문에 사무적으로 가는 것이 아니라, 그 일에 나의 마음이 얼마나 움직이고 있는지를 살펴주십시오." 때때로 의심이 생기기도 했지만 그는 이렇게 썼다. "내 느낌은 내가 중국에 가야 한다는 것입니다. 그리고 그렇게 된다면, 중국내지선교회 파송으로 가는 것을 복된 특권으로 생각하겠습니다."

허드슨 테일러는 호스트에게 사역을 도우며 1년 동안 경험을 쌓으라고 충고했지만, 가을에 스미스가 중국으로 떠나야 할 때는 호스트가 스미스와 가는 것을 막을 이유는 없었다. 호스트는 스미스에게 깊은 감명을 받았다. 그는 노년에 스미스를 '정말 매력 있고, 영리한 친구'라고 회상했다. 그들은 이제 스터드와 동행하게 될 것이다.

스터드가 중국에 갈 것이라는 발표는 대학가에 커다란 흥분을 일으켰다. 유명했던 스터드 집안이어서 뿐 아니라, 갑작스럽게 그런 결단을 하게 된 것이 더욱 인상적으로 보였다. 스미스가 2년 가까이 그리스도를 전하며 지방을 순회할 때 스터드는 크리켓에 몰두하고 있었다. 이튼의 한 친구는 '그가 갈 것이라고는 결코 생각해보지 않았다'고 말하기도 했다. 더구나 그 명성이 절정에 이르렀을 때 그의 희생, 즉 크리켓을 포기하는 것은 더욱 더 명백해졌다. 11월 6일, 옥스퍼드 대학생들은 그의 말을 듣기 위해 몰려들었다.

첫 집회가 끝난 후, 스미스는 이렇게 편지했다. "친애하는 허드슨 테일러씨에게, 주님께서 얼마나 놀랍게 스터드를 도우셨으며 축복하셨는지 모르실 겁니다. 우리는 단지 주님으로 인해 기쁨이 충만해서, 집회 후 밤새도록 우리의 얼굴에는 웃음이 떠나지 않았습니다."

그들은 옥스퍼드에서 엿새를 보냈으며 금요일에는 비첨이, 마지막 날에는 캐슬이 합류했다. 상황을 보니 묘하게도 그 후에 열린 집회에서는 사람이 잘 모이지 않았다. 그래서 한때 스미스와 친구들은 불안해하고 걱정하기도 했다.

후에 그들이 찾아간 케임브리지는 모두 변해 있었다. 기독인 연합은 스미스의 방문에 자극을 받아 활발한 상태였다. 허드슨 테일러가 이들과 합류했으며 이들은 일주일동안 '중국 내지와 이국의 다른 지역들'을 선교할 계획을 가지고 있었다.

효과는 눈에 띌 정도로 확연하였다. 한 재학생은 "우리도 지금껏 선교 모임을 가져왔고 때때로 선교사들의 강연도 들었다. 그러나 이들처럼 모두가 듣고 개인적으로도 친분이 있는 사람들이 와서 '바로 내가 갈 겁니다.'라고 얘기했을 때, 우리는 해외의 이방인들을 직접 만나 볼 수 있게 되었다." 라고 말했다.

개회식은 11월 12일 수요일, 페티 큐리(Petty Cury) 뒤에 있는 알렉산드라홀(Alexandra Hall)에서 열렸다. 의장석에는 리들리(Ridley)의 교장이 자리했다. 모울(Moule)은 '주님이 축복하신 매우 놀랄 만한 집회였고, 간증은 깊은 감동을 주었다.'고 썼다. 허드슨 테일러는 거룩하신 주님께 순종하는 기쁨에 대해 설교했다. '누구보다도 종들의 마음을 만족시키는 분이 주님이시다.' 스터드와 비첨 그리고 때가 되면 중국에서 섬기고자 했던 클레어 청년 더글라스 해밀턴(Douglas Hamilton)의 간증이 이어졌다. 아더 폴힐 터너(Arthur Polhill - Turner)도 간증하였는데, 82년 무디의 대선교회 때의 마지막 집회에서 회심 후 2년 동안 있었던 일을 이야기했다.

다음 날부터는 단과 대학들과 알렉산드라홀에서 저녁마다 집회가 꽉 짜여 있었다. 스미스는 개별적으로 면담하고 긴 시간을 기도하면서, 틈틈이 시간이 날 때마다 강 위에서 보트를 탔다. 금요일 밤, 그와 스터드는 '11시부터 오전 6시 30분까지 주님과 더불어 은혜의 시간을 보냈다.'고 기록했다. 다음날 그들은 커다란 능력을 체험했다. 비첨은 내려갔지만, 그 전 주말에 남부 램베이스(South Lameth)에서 고별 설교를 했던 호스트와 캐슬이 올라왔다. 일요일 오후, 시민과 대학 관계자들을 위한 집회가 길드홀(Guild Hall)에서 열렸는데 모울(Moule)에 의하면 이것은 '매우 놀랄 만한 것'이었다.

날마다 그 열기는 더해 갔다. 몇몇의 이름 있는 사람들은 스미스와 스터드를 학문이 부족하다고 비판했으며, 더 경솔한 재학생들은 그들이 괴팍스러운 사람들이라고 아무렇게나 쓴 편지를 보내기도 했다. 그러나 기독연합회 회원들은 깊은 감동을 받았다. 스미스가 가진 매력은 그들 마음을 사로잡았으며, 부르심에 대한 그의 큰 열정은 자기만족에 빠져 있는 그들을 뒤흔들어 놓았다. 스터드는 짧고 간단

명료하고 소박한 표현으로 말하면서 그들의 열정을 북돋아 주었다.

한 재학생은 그들을 '영적인 갑부들'이라고 묘사했는데, 이로써 '희생'이라는 단어의 속뜻이 뒤집어진 것 같았다. 사람들은 전적인 헌신과 세상적인 손해가 희생이 아니라, 영적인 능력과 기쁨을 타협하고 잃어버리는 것이 희생이라고 생각하기 시작했다. 스미스와 스터드이 두 사람의 체험은 매우 가치 있는 것이었다.

일요일 밤, 스미스와 허드슨 테일러가 연설을 마친 후 약 50여 명이 해외에서 기꺼이 섬기려는 뜻을 나타내고자 자리에서 일어났다. 월요일에 모울은 시골에서 스터드와 함께 산책했다. 모울은 신중하고 학자적이며 인품 있고 빈틈없는 판사였으며, 개인적으로는 높은 수준의 거룩함을 가지고 살았다. 그는 '스터드는 매우 축복받은 사람이며 그의 체험은 정말 놀랍다.'고 증거했다. 모울은 그에게 하나님의 손이 역사하고 계심을 깨달았다. 다음날 밤, 그들의 방문 마지막날 밤은 절정을 이루었다. '기도의 위대한 오후'(grand afternoon of prayer) 시간을 마친 뒤에 스터드와 스미스는 코푸스(Corpus)에서 연설을 했다.

그리고 알렉산드라홀에서의 고별 집회에 다른 사람들과 함께 참석했다. 그곳에는 그리스도인이면서 자기 인생에 두신 하나님의 뜻을 알기 원하는 100명 이상의 사람들이 모여 있었다.

모임을 끝내면서, 스미스는 '선교사가 되려고 하는 사람'은 기도 모임에 남아주기를 요청했다. 45명이 남았고 홀을 닫을 시간이 되자, 그 중 30명은 기도를 계속하기 위해 가까운 대학으로 갔다.

이 30명 중 한 사람이 아더 폴힐 터너였다. 케임브리지에서의 이번 일주일은 그의 인생을 변화시켰다.

작년 한 해를 지나며 폴힐 터너의 신앙은 상당히 깊어져 있었다. 하우베리에서 그는 엄격한 사회생활을 되풀이하며 그것이 '공허하고 비현실적'인 것을 깨달았다. 그리고 누이와 함께 자기의 영적 체험을 마을 사람들이 공유하도록 돕는 것을 좋아했다. 그들은 지역 교구와 아무 관계도 없었지만 곧 라벤스덴과 렌홀드에서 시몬즈 부인(Mrs. Symons)과 같은 사람들을 알게 되었으며 그들 집에서 모임을 가졌다. 어머니에 대한 아더의 소망은 이루어지지 않았다. 그는 1884년 1월 21일, 그의 일기에 썼다. '어머니와 함께 이야기를 했다. 만족스럽지 못했고, 기도하는 수밖에 없다.' 케임브리지에서 그는 대단한 열정으로 스포츠와 기독교 활동을 계속했다.

베이즈(Bays)의 세실 폴힐 터너는 그리스도를 영접하고 3월 말에 독일에서 돌아왔다. 세실은 하우베리에서 며칠을 보냈으며, 아더는 형이 변화된 사실을 곧 알아차렸다. 세실은 '그 이후 불행한 날은 없었다'고 말했다. 그는 비록 카드 놀이를 포기해야 했지만 훈련과 운동, 사냥, 폴로 그리고 기병대 병영에서 크리켓을 하며 그리스도의 영광을 위해 전심전력했다.

그는 거기서 그리스도인들과 즐겁게 교제했으며, 메스(Mess)에서 추방당할 두려움은 근거가 없음이 밝혀졌다. '동료 장교들은 나의 괴팍스러움을 고려해선지, 사람들이 사려 깊게 나를 대했다. … 나는 때때로 은근한 웃음으로 넘겨야 했지만, 심한 야유는 거의 없었다.'

세실의 고백이었다. 사람들이 무례하게 대우하지 않은 것은 그가 장교로서 훌륭하게 행동했기 때문이었다. 아더는 세실과 둘이 본머스 모래벌판에서 어린이 선교회 때 함께 시간을 보낸 후, 84년 8월에 이렇게 기록했다. '세실은 은혜 안에서 매우 성장한 것 같았고, 그의 존재는 우리를 새롭게 했다.'

아더는 장기 휴가 기간에 리들리에 갔다. 그때도 그의 눈은 여전히 중국을 향하고 있었다. 그는 후에 '해외선교를 향한 주님의 인도하심은 매우 점진적이었다'고 말했다. 사명에 대한 가치와 앞으로 치르게 될 대가를 조용히 생각해 본 후에는 강한 열정이 뒤따랐다. 어머니가 자신의 계획에 반대하시겠지만 결국은 그의 뜻대로 허락하실 것을 잘 알고 있었다. 아직 때가 되지 않았지만 떠나는 것이 어렵게 보이지는 않았다. 그는 해외로 나갈 출발 단계로 부목사직을 찾기 시작했지만 아직 결단하지 못했다.

미가엘 축제 기간 동안 그는 늦게 케임브리지로 되돌아갔다. 그리고 에든버러에서 열린 '하나님의 영광을 위해 은혜 받기를 갈망하여' (With the desire of receiving blessing for God's glory)라는 집회에 그의 누이를 데리고 갔다. 이곳에서 아더는 '은혜와 기쁨이 충만한' 시간을 보냈다. 이것은 스터드와 비첨이 런던에서 몇 주 전에 체험한 것이며 스미스가 페이크필드에서 프라이스와 함께 겪었던 것이기도 했다.

그들은 끊임없이 성령의 권능 안에 거하는 비밀과 헌신과 승리의 비밀을 발견했다. 그는 주님께서 주님의 뜻을 보여주실 것을 바라며 에든버러에서 케임브리지로 돌아왔다. 그동안 세실은 하나님께서 그에게 육군 원수의 자리까지 진급하는 것과는 다른 계획을 가지고 계신다는 느낌을 강하게 받았다. 아더와는 관계없이 세실은 '중국 선교사 모임'에 갔다. 그는 '그리고 그때부터 나는 중국에서 주님의 일에 봉사하기로 결단했다.'고 말했다.

이러한 소망이 있었지만 서두르지 않고 서서히 추진하기로 했다. '주님 뜻 안에서 나의 동기와 행함이 옳다고 확신하지 않는 한 나의 직무를 함부로 포기할 수 없었다.' 진급을 결정하는 데 있어 영향력이 큰 훌륭한 그리스도인 장교들도 잘 알고 있었다. 그가 조언을 구했던 한 나이 많은 장교는 세실에게 군대에 남아 있으라고 강력하게 충고했다. 장교는 세실이 곧 인도로 가게 될 것이고, 거기서는 그리스도인 장교들이 선교사로 귀하게 쓰임 받게 된다고 설득했다. 중국으로 가게 된다면 개인적인 희생도 예상됐다. 로마 가톨릭 교도인 삼촌 핸리 베론 경은 그가 만일 선교사로 나간다면 상속에서 그를 제해 버릴 참이었다. 그러나 그에게 이러한 것들은 그리스도의 측량할 수 없는 부요함에 비하면 하찮게 보였다.

세실 폴힐 터너는 변함없이 극동 지역에 애착이 있었으며, 런던에 있는 허드슨 테일러를 찾아 조언을 듣고자 했다. 잠시 이야기를 나눈 후, 허드슨 테일러는 '거기에 대해 우리 기도합시다.'라고 했다. 그리고 세실은 '우리는 무릎을 꿇었고 주님의 뜻을 찾았다.'고 썼다.

스터드와 스미스와 케임브리지에 내려와 있는 11월에 아더는 이 모든 사실을 알았다. 그들은 리들리에 머물고 있었다. 폴힐 터너는 첫날 그들과 점심식사를 같이 하던 중 저녁집회에서 선교사로 부르심 받은 이야기를 해달라고 부탁을 받고 기쁨으로 응했다. 그가 알렉산드라 홀(Alexandra Hall)에서 '스터드 역시도 내가 받은 것과 같은 은혜를 증거했다.'고 말했을 때 깊은 감명에 젖었다. 그리고 그 다음날 세 사람은 '3시간 동안 주님을 모신 기쁨이 넘치는 오후'를 보냈다. 아더는 세실이 케임브리지 4인과 호스트에 합류해야 한다는 도전을 받았다. 성직 수임식을 기다릴 필요도 없을 것 같았다. 그는 과거 하나님께 당신의 뜻을 보여주시길 기도했었다. 이에 대한 응답이었을까?

다음 주 스미스와 스터드는 함께 떠났지만, 아더의 선교에 대한 열정은 웨스트코트 교수가 회장으로 있는 '해외선교모임(Church Missionary Meeting)'에 의해 지속되었다. 세실은 리들리를 3일 동안 방문하기 위해서 왔다. 두 형제는 밤이 깊도록 이야기하며 기도했다. 아더는 핸들리 모울(Handly Moule)에게 의견을 물었다. 모울은 성직 훈련을 포기하는 것을 정말 달가워하지 않았지만, 이것이 성령의 역사라면 기꺼이 단념시킬 수 있었다. 그 부르심에 빨리 반응해야 한다는 내면의 강렬한 충동은 쉬이 가라앉지 않았다. 리들리에서 학기가 끝나자 아더는 이제 마칠 때가 됐다는 확신을 얻었다.

케임브리지 11(케임브리지 크리켓 선수 - 옮긴이)의 주장과 케임브리지 조정팀 조타수들이 선교사로 떠난다는 발표로 스미스와 스터드의 케임브리지에서의 선교활동은 더욱 비상한 관심을 모았다. 그 소식은 모든 사람의 입에 오르내렸으며, 이것은 당시 국민적 관심사였던 카르툼(수단의 수도 – 옮긴이)의 고든 장군에 대한 국가적인 걱정과 버금가는 수준이었다. 두 젊은이는 이미 세상이 주는 가치에 연연하지 않았고, 교파 간의 애매모호한 선교 영역의 한계를 뛰어넘고자 했다. 그들은 너무도 많이 희생하는 것처럼 보였다. 그럼에도, 그들은 기쁘게 그것을 감수했다. 스미스와 스터드는 매일같이 은혜의 깊이와 높이를 체험해 갔다. 11월 23일, '사랑하는 찰리는 은혜로 온통 가득 차 있다.'라고 스미스는 그렇게 썼다. 또한 스미스는 '그리스도께서 나를 위해 획득하신 영광스러운 자유'에 대해 자신의 생각을 이야기했다. 두 사람은 허드슨 테일러에게 그들의 개인 재산을 선교회의 처분에 맡겼다고 말했다.

두 사람이 해외로 떠나기 전에 한번 방문해 달라는 요청들이 중국 내지선교회 본부로 쏟아져 들어왔다. 11월 26일 침례교 센터인 멜본 홀(Melbourne Hall)에서 허드슨 테일러와 함께 연설했다. 많은 사람들이 참석했지만 그 중 가장 많이 영향을 받은 사람은 당시 37세였고 잘 알려지지 않았던 침례교 목사 F.B. 메이어(F.B.Mayer)였다.

후에 그는 이같이 썼다. '그 전의 나의 신앙생활은 변덕이 죽 끓듯 했다. 하지만 이제는 열정에 불타서 차가운 회색빛 재가 쌓인 거리를 지칠 때까지 걸었다.' 메이어는 그 두 사람이 말하는 모든 그리스도인은 승리의 삶을 살 권리가 있다고 확신하는 소리를 들었다. '이 젊은이들은 나에게는 없는 어떤 것이 있는 것 같았다. 그들 안에는 끊임없는 평온과 기쁨의 원천이 있었다.' 다음날 메이어는 두 사람이 머물고 있는 러스트 부인(Mrs. Rust)의 집을 일찍 방문했다. 그는 잿

빛이었던 11월, 오전 7시 그 장면을 결코 잊을 수 없었다. 아침 햇살이 침실 안으로 스며들고 있어 촛농을 떨구는 촛불은 빛을 잃고 있었다. 그리고 스터드와 스미스는 습한 기운을 막으려고 하늘색의 화려한 운동복 상의를 입고 성경 앞에 앉아 있었다.

"일찍 일어났군요." 메이어가 말했다. "네." 스터드가 말했다. "4시에 일어났습니다. 그리스도께서는 제가 충분한 잠을 잤을 때를 아셨습니다. 그래서 주님과 좋은 시간을 갖게 하려고 이렇게 저를 깨워주십니다." 메이어는 스터드에게 물었다. "어떻게 하면 나도 당신처럼 될 수 있습니까?" "그리스도께서 당신에게 충만하게 임하시도록 자신을 그리스도께 바쳐 본 적이 있습니까?" "예." 메이어가 대답했다. "일반적인 방법으로는 그렇게 해 왔습니다. 그러나 특별하게 그렇게 했는지는 잘 모르겠습니다." 두 사람은 이렇게 답했다. "그렇다면 당신은 특별히 자신을 드려야만 합니다." 메이어는 '우리가 그때에 나누었던 이야기는 내 인생을 빚어간 소중한 시간 중 하나였다.'고 썼다. 스터드와 스미스가 그날 저녁 런던으로 돌아가 있는 동안에, 미래의 비국교파 지도자인 메이어는 무릎을 꿇고 자신의 사역을 방해하고 있는 숨겨진 죄를 회개하였다.

11월 28일, 때에 알맞게 빅토리아(Victoria) 근처의 에클레스톤 홀(Eccleston Hall)에서 고별 집회가 열렸지만, 그것이 끝이 되지는 않았다. 허드슨 테일러는 호스트, 스미스, 캐슬을 포함한 여러 일행들과 함께 1월 초 떠날 예정이었다. 그러나 그의 아들과 며느리가 전기에서 쓴 것처럼 예상치 않았던 일들이 일어났다. 넘치도록 충만하게 잘 준비된 계획 속으로 하나님이 목적이 뚫고 들어왔다.

이 예상치 못한 일의 주인공은 허드슨 테일러의 가까운 친구이며 리버풀에 살고 있는 나이 지긋하고 저명한 복음 전도자, 레지날드 래드클리프(Reginald Radcliffe)였다. 래드클리프는 스미스와 스터드가 대학생들에게 미치는 영향을 눈여겨보았고, 그것을 스코틀랜드까지 확대하고픈 소망을 품었다. 허드슨 테일러의 허락을 받아, 그는 저명한 이비인후과 전문의이며 평신도인 에든버러의 알렉산더 심슨 교수(Professor Alexander Simpson)에게 두 젊은이의 초청을 제안하는 편지를 썼다. 에든버러 대학 학기 초, 그리스도인들에게는 강한 움직임이 일어났었다. '믿지 않는 동료 학생들을 위해 우리가 어떤 일을 해야 한다는 움직임이 일어났으며 진지한 기도의 바람이 일기 시작했다.' 래드클리프의 제안은 '우리의 기도에 대한 매우 직접적인 응답이었다.'

11월 28일 스미스와 스터드는 밤 열차를 타고 유스튼(Euston)에서 글래스고우(Glasgow)로 떠났다. 스터드에게는 입고 있는 옷이 전부였다. 테일러가 그의 어머니에게 소포를 보내달라고 부탁했을 때, 그녀는 '내 아들 찰리의 이상한 행동과, 여벌의 옷도 없이 스코틀랜드에 가는 것'에 대해 매우 슬퍼했다. "보낸 물품들을 받게 되는 12월 9일까지 그가 어떻게 셔츠 하나만 입을 수 있었는지 몹시 궁금하다. 우리는 늘 '경건 다음으로 중요한 것이 청결이다'고 가르쳤는데…" 그녀는 테일러에게 중국에서 자기 아들을 배치하려거든, 나이가 지긋하고 온전한 마음을 가지고 성실한 그리스도인과 함께 있도록 해달라고 부탁했다. '찰리(C.T. 스터드)와 스탠리 스미스씨는 똑같이 충동적이며, 서로를 자극하는 것 같습니다.'라고 말했다.

12월 2일 스터드의 스물 네 번째 생일에 그들은 글래스고우 대학 생들에게 연설했다. 그리고 래드클리프와 함께 그린노크(Greenock), 던디(Dundee), 에버딘(Aberdeen)에 짧게 방문했다. "제가 스터드와 스미스의 방문을 축복하는 이유가 있습니다." 에버딘에서 스터드가 머물렀던 집의 주인이었던 메이저 로스(Major Ross)는 스코틀랜드의 비국교회 총회 때 이렇게 말했다. '나는 하나님께서 내 아들들의 마음을 움직이셔서 복음의 종들이 되게 해달라고 수년 동안 기도해 왔습니다. 그리고 주님은 내가 요구한 것 이상으로 응답해주셨습니다. 그들이 방문한 이후 아들 중 두 명이 선교사가 되기로 결단했습니다.'

12월 9일 화요일, 여행이 시작된 지 열흘 후 스터드와 스미스는 에든버러에 도착했다. 이번 여행은 수월하지 않았다. 스터드는 그때의 상황을 이렇게 기록했다. '그들을 방문했을 때 우리는 집회를 앞두고 매우 겁먹고 있었다. 예전에 이런 일을 해본 적이 없었기 때문이다. 우리는 때때로 난로 가까이에 매트를 깔고 앉아 날이 새도록 이야기하거나 기도하고, 때로는 잠을 자곤 했다. 결국 그 집회는 매우 능력 있는 집회가 되었다.'

에든버러에서는 모든 것이 준비되어 있었다. 그러나 스미스와 스터드 조차도 그 결과를 거의 예측할 수 없었을 것이다.

교수와 학생 위원회는 홍보를 위해 앞뒤로 광고판을 두르고 걸어 다니는 사람을 고용하여 주위 사람들에게 인쇄된 전단을 배부하기로 했다. 그들은 천 명을 수용할 수 있는 커다란 건물인 자율 집회장 (the Free Assembly Hall)을 택했고, 학생만 입장이 허가된다고 발표함으로써 그들 자신의 믿음에 도전했다.

그럼에도 불구하고 그들은 두려웠다. 이때는 합리주의의 목소리가 높던 시대였고, 에든버러 대학은 대부분 의과생들이었고 3년 전 무디로 인한 영적 충격에도 불구하고 기독교는 감소추세였기 때문이다. 이곳에서는 '단지 굳은 얼굴로 찬송가를 부르기에 좋다'고 생각될 정도였다. 주최자 중의 한 사람은 말했다. '집회가 아예 이루어지지도 않거나, 이루어지더라도 소동이나 말다툼이 있을지도 모른다는 두려움이 있습니다.' 이것은 스코틀랜드의 학생들 사이에는 보편적인 일이었다.

스터드와 스미스는 집주인의 응접실에서 '그들이 승리를 얻을 때까지' 기도하며 황량한 12월 오후를 보냈다.

저녁이 가까워지면서 대학에서는 '가서 운동선수 출신 선교사들을 환영하자'는 말이 강의실에 떠돌았다. 시간이 되기도 전에 그 홀은 꽉 채워졌다. 위원들과 연설자들이 무릎을 꿇고 대기실에서 기도하고 있을 때, 학생들이 '강의 시간 전에 막대기로 박자를 맞추며 부르는 노래 소리가' 들렸다. 스터드는 결과에 대해서 조용히 하나님께 감사함으로써 두려워하는 주최자들을 부끄럽게 했다. 그들 중 한 명은 '커다란 은혜가 임하는 것을 느꼈다.'고 썼다.

홀 안으로 운동선수 출신의 두 선교사들이 들어오자, 사람들은 그들을 향해 뜨거운 환호를 보냈다. 궁정목사이며 신학부 교수인 채터리스 박사(Dr. Charteris)가 의장이었다. 스터드를 선두로 하여 중국에서 돌아온 옥스퍼드 사람 R. J. 랜들, 그리고 마지막으로 스미스가 단에 올라섰다. 몇 년 후에 그 학생들 중의 한 사람이 회상하기를 '스탠리 스미스는 웅변가인데 반해, 스터드는 그다지 말을 잘하지는 못했다. 하지만 그리스도에 대한 그의 헌신 때문인지 그는 가장 인상적이었다.' 스터드는 깊은 격려를 받았다. '그렇게 앞날이 보장된 사람이 자기 자신을 비롯해 가진 것들까지도 다 드렸다는 사실로 인해 학생들은 처음부터 그에게 사로잡혔다'고 의장은 기록하고 있다. 당시는 지루하고도 장황한 설교가 주류를 이루는 시절이었으나, 이와 대조적인 스터드의 행복하고 꾸밈없는 영적 성장 이야기에 학생들은 홀딱 반해버렸다.

랜들은 중국에 대해 얘기했고, 이어서 스미스가 설교를 시작했다. 본문으로는 '그들은 주님을 두려워했으나, 자신의 (다른)신들을 섬겼다'(삿 3:3~5 참조 – 편집자)로 택했다. 그는 기독교인의 섬김을 간과해 버리는 맥 빠지고 메마른 이기심에 대해 격렬하고 냉소적으로 설교했다. 홀에는 완전한 적막이 흘렀다. 위원 중 한 사람은 말했다. '그의 얘기를 들으며 우리의 마음은 우리 스스로를 정죄하고 있었다.' 분위기는 영적인 권능으로 긴장된 상태였다. 스미스의 '비범한 생각과 상상력, 그리고 설교의 능력'은 청중을 사로잡았으며 그 반응은 절정에 이르렀다.

연설을 마친 후, 의장은 누구든지 이들과 '악수를 나누며 축복을 구하려는 사람'은 축도가 끝난 후 앞으로 나오라고 했다. 위원들은 다른 학생들 앞에서 충분한 용기를 가진 사람은 거의 없을 거라고 생각했다. 그러나 놀랍게도 축도가 끝나자마자 많은 사람들이 강단 앞으로 몰려들었다. 단순한 호기심 때문이 아니었다. 그들은 그리스도에 대해 더 듣기 위해 스터드와 스미스 주위로 몰려들었다. 많은 사람들의 얼굴에는 깊은 진지함이 드러나 있었다. 그것은 성령이 역사하신 명백하신 증거였다.

집회가 끝나고 스터드와 스미스는 런던행 야간 우편수송 열차를 타러 가기 전, 식사를 하기 위해 주인집에 돌아왔다. 10시 30분이 조금 못되어 그들은 의학교수들 그리고 몇 명의 학생들과 함께 웨이벌리 정거장으로 내려갔다. 그들은 두 사람이 중국으로 떠나기 전에 이곳에 다시 방문해 달라고 요청했다. 역에는 백 명이 넘는 많은 학생들이 그들을 기다리고 있었고, 그들은 두 사람이 나타나자 '말해주시오! 말해주시오!'하며 소리쳤다. 스터드가 자리에서 일어나 몇 마디 말을 하자, 갈채가 쏟아졌다. 5년 전, 글래드스톤의 미드로디언 캠페인 이후 한적한 역에서 이 같은 구경거리가 없었다. 한 여행자는 무엇 때문에 이 야단법석인지 물었다. '저 사람들은 의과 대학생들인데, 아마 정신이 좀 나갔나봅니다.' 짐꾼의 대답이었다.

기차는 밤하늘에 증기를 내뿜고 있었고 스미스와 스터드는 차창 밖으로 손을 흔들고 있었다. 다른 여러 학생들이 '우리가 다시 만날 때까지 하나님께서 함께 하시길' 노래하였다. 서 있는 동안 학생들 중의 몇 명은 플랫폼 끝까지 달려가 격려와 작별인사를 외쳐댔다.

VIII

번져 가는 불길

VIII

번져가는 불길

1884년 12월 10일 오후, 스탠리 스미스와 C.T.스터드는 런던으로 돌아와 키네스톤 스터드와 힐다 비첨의 결혼식에서 만났다. 그곳에서 그들은 에든버러로 다시 돌아가야 한다고 확신했다. 레지날드 래드클리프는 광범위한 계획을 가지고 있었다. 허드슨 테일러와 함께 잉글랜드와 스코틀랜드 각지에 복음전도 여행을 하면서 에든버러를 사로잡았던 그 메시지로 젊은이들을 감동시키자는 계획이 있었다.

스미스는 즉시 허드슨 테일러에게 편지를 썼다. '와 주십시오. 그렇게 못하시면 우리가 가겠습니다!' 허드슨 테일러의 아들과 며느리는 이렇게 기록했다. "하나님께서 일하고 계신다는 사실이 이제 아버지에게 명백해졌다…. 모든 일이 그의 눈 앞에서 펼쳐지기 시작했다. 그에게 더 없는 좋은 기회와 동역자들이 주어진 것이다. 추수의 주인께서 명백한 목적을 가지시고 아버지가 늘 바래왔던 방식대로 그들을 사용하시려는 듯 했다." 그것은 사역의 헌신이 뒤따르도록 영적생활을 깊게 하는데 집중하는 것, 구별된 삶이 뒤따르게 된다는 믿음이었다. 허드슨 테일러는 그들이 늦게 출발해도 된다고 기꺼이 동의했지만 자신은 혼자서 먼저 떠나야 했다고 결정했다.

1884년 마지막 3주는 송별모임이나 곳곳에서 여러 모임을 가졌다. 그리고 허드슨 테일러와 기도하고 상담하면서 시간을 보냈다. 스미스, 스터드 그리고 캐슬은 크리스마스에 YMCA 본부에서 설교한 후 가족과의 마지막 성탄 만찬을 위해 헤어졌다. 12월 27일, 스탠리 스미스와 비첨은 오랫동안 윈저 대공원을 산책했으며 29일에는 D.E 호스트가 주선한 두 모임에 참석하기 위해 스미스, 스터드, 캐슬이 함께 브라이튼으로 갔다. 그 해 마지막은 마일드메이에서 중국내지선교회와 함께 지냈다. 매일 성령의 능력의 증거와 그들 자신의 부족으로 인하여 더욱 겸손해진 다섯 청년은 더 긴밀하게 맺어져가고 있었다.

1885년 1월 2일 금요일, 스탠리 스미스는 폴힐 터너 형제가 마련한 베드포드의 송별집회에 참석하기 위해 하우베리홀로 내려갔다. 스터드는 다음날 '지역 사람들의 오후 모임'에 늦지 않게 하우베리의 응접실에 도착했다. 여주인은 이웃 사람들을 서른다섯 명 정도 맞이했는데, 자기 아들들이 별난 운동선수 두 명에게 열중하고 있는게 못마땅했다.

주말 내내 세실과 아더는 임박한 중국에서의 사역에 신경을 곤두세우고 있었다. 일요일에 네 사람은 '고요하고 복된 기도의 시간'을 보냈으며 스미스는 형제들이 영적으로 성장하는 것을 보고 기뻐했다. 폴힐 터너 형제의 신앙은 놀랍게 성장해 있었다.

월요일 아침 9시 30분쯤, 세실과 아더는 베드포드역에서 스탠리와 스터드를 배웅하고, 마차를 타고 하우베리로 돌아오면서 부르심에 대해 확신을 갖게 되었다. 남태평양에서 돌아온 젊은 해군 사촌이 다음 손님으로 방문하기 전에 그들은 허드슨 테일러에게 편지를 썼다. 그리고 1월 8일에 그를 만나러 런던으로 올라가 '우리들을 중국에 바치겠다'고 말했다. 허드슨 테일러는 6일 후에 있는 2차 면담까지의 정식 수속을 다 마치지 않았지만, 그들을 받아들였다.

테일러는 케임브리지의 동역자가 일곱 사람으로 늘어나는 것이 하나님의 뜻이며, 그렇기에 폴힐 터너 형제가 2월 초에 다른 사람들과 함께 갈 것이라 틀림없이 확신했다. 그러나 그들이 갑자기 합류하는 것이었으므로 '공식적으로는 선교와 관련시키지 않고, 우선 일을 둘러보는 정도'로 그치게 했다. 그리고 당시에 선교사의 어머니가 되는 것은 명예롭지 못한 일이었기에, 그들의 어머니가 이 사실을 부유한 친구들에게 말하지 않고 '내 아들들이 중국을 여행한다.'고 즐겁게 말할 수 있도록 세세한 사항에 동의하였다.

1월 8일 저녁, 일곱 사람은 처음으로 모두 함께 허드슨 테일러를 후원하며 엑세터홀의 강단 위에 섰다. 아직 아무것도 없었지만, 홀은 '완전히 꽉 들어찼다.' 폴힐 터너 형제는 그들의 부르심에 대해 말했으며, 스탠리 스미스의 짤막한 연설로 긴 집회를 끝맺었다. 이 날 저녁부터 '케임브리지 7인'은 가족 이름이 되었다.

다음 날 스터드와 스미스는 오후 1시 30분 급행을 타고 유스턴을 떠나 리버풀로 갔다. 거기에서 레지날드 래드클리프를 만났으며, 그들은 그 날 저녁에 젊은이들의 집회를 열었다. 후에 스미스는 이렇게 썼다. '얼마나 놀라운 집회였는지 약 1,200명이 가득찼다. 큰 능력의 시간이었다. 청년들은 압도당했고 많은 사람들이 예수를 영접했다. 나는 70명 이상이 영적으로 각성했다는 소리를 들었다. 이것은 주님께서 하신 일이다.'

1월 10일, 세실이 리버풀에서 알더숏으로 돌아와 신임장을 제출한 그 날, 스터드, 스미스, 그리고 래드클리프는 스코틀랜드로 갔다. 그들은 에버딘에서 주말을 보낸 후에 북쪽의 밴프(Banff)로 갔으며, 다시 남쪽의 작은 산마을인 헌틀리(Huntly), 그리고 에버딘을 통과하여 몬트로즈(Montrose)로, 그리고 퍼스(Perth)로 갔다. 헌틀리를 제외한 모든 집회장이 가득 찼다. 퍼스에서는 '약 150명의 사람들이 모임 후에도 남아 있었으며, 많은 영혼들을 얻었다고 믿는다.'고 스미스는 일기에 썼다. 1월 17일 토요일, 그들은 에든버러에 도착했다.

이 때 대학 위원회 중 한 사람은 '우리의 믿음이 더욱 강해졌다.'고 말했다. 그들은 그 도시에서 가장 큰 홀인, 장로교 연합회 홀을 택했다. 토요일에는 기독연합회 회원들이 기도모임을 갖기 위해 몰려들었다. '그리고 기도와 능력의 영이 매우 놀라운 방법으로 우리 가운데 임하셨다. 한 시간이 넘도록 잠시도 멈추지 않고 사람들이 끊임없이 일어났다. 우리는 하나님께서 전에는 결코 몰랐던 은혜를 주시려 한다는 것을 느꼈다.'

1월 18일 일요일 오후 스터드와 스미스는 자유 무역센터에서 천여명의 상급생들에게 연설을 했으며, 저녁에는 시너드홀로 갔다. 거의 2천 명의 학생들이 그들을 기다리고 있었다. 에든버러에서 열린 집회 중 가장 큰 집회였다. 두 사람이 말을 시작하자마자 '이전의 감격에 젖어들며 이전보다 새로운 축복을 경험했다.' 스미스는 간단히 기록하기를 '나는 십자가에 달리신 그리스도를 보여주었고 찰리는 그 분의 약속을 들려주었다.' 신학대학의 막시 박사(Dr. Moxey)가 쓴 것처럼, '긴 근육질의 손과 팔을 뻗치며 애원하듯 구원의 사랑에 대해 열변하는 스미스, 그리고 조용하지만 열정적으로 구세주의 사랑과 능력에 대해 개인적인 체험을 증거한 스터드'의 불타는 연설을 누구도 잊을 수는 없었다. 그 집회는 레지날드 래드클리프가 '그리스도께 봉사하기 위해 자신을 헌신하도록 열렬히 호소하며' 끝을 맺었다. 그렇게 살기를 원하는 사람들은 집회 후에 남아 있으라고 했다. 절반 이상이 남았다. 스터드와 스미스 그리고 동역자들은 남아있는 사람들에게 내려갔다. 스미스는 일기에 이렇게 썼다. '그 홀은 자신의 영혼을 염려하는 사람들로 가득 차 있었다. 우리는 말씀을 깊이 받아들이는 것 같은 사람들과 대화를 나누며 시간을 보냈다.'

월요일 아침, 대학생들이 무리를 지어 스터드와 스미스가 머물고 있는 퀸 50번가를 방문하기 위해 프란시스 광장을 가로지르고 있었다. 회견은 15분으로 제한되었다. "당신은 그리스도인입니까?" 스터드는 각 사람에게 물었다. "아니오." " 그리스도인이 되고 싶습니까?" "네."

오후에는 전체 모임이 자유집회장(The Free Assembly Hall)에서 열렸다. 의장이며 위대한 찬송가 작사자인 호라티우스 보나르(Horatius

Bonar)가 함께 참석했다. 그리고 학생들은 저녁 연장집회에 참석하러 다시 돌아왔다. 다시 운집한 집회장에는 고요함이 흘렀으며, 모두들 귀를 기울였다. 스미스는 일기에 이렇게 썼다. '집회 후에 많은 사람이 남아 있었다. 우리는 소중한 대화를 나누었다. 그리고 어떤 깊은 역사가 일어나고 있다는 것을 느꼈다. 불안해하는 한 영혼과의 대화를 마치고 새벽 1시쯤 늦게 귀가했다.'

하나님의 영이 일하고 계심이 이제 명백해졌으며, 케임브리지 출신의 두 젊은 운동선수는 막시 박사(Dr. Moxey)가 쓴 것처럼 '축복의 소나기'를 재촉했다. 화요일에 그들은 클라이드사이드(Clydeside)에 도착할 예정이었다. 그린필드 교수(Professor Greenfield)와 4학년 학생 존 톰슨(John Tomson)은 하나님께서 두드러지게 사용하신 그들을 프란시스 스트리트 역까지 배웅해주며 물었다. "꼭 다시 와주실거죠?" 그들이 다시 돌아오려면, 금요일에 여행을 멈추고 토요일에 일찍 뉴캐슬을 여행하기로 한 다음 약속을 파기하는 것뿐이었다.

글래스고우(Glasgow)지방에서도 에든버러와 똑같은 결과가 일어났다. 스미스의 기록에 의하면 '하나님께서 능력으로 역사하셨으며, 첫날 밤, 그들이 찬송하고 즐거워하며 집으로 돌아간 것은 작은 놀라움'이었다. 글래스고우에서는 집회가 없었으나, 루더그렌(Rutherglen)의 그리녹과 던바톤셔(Dunbartonshire)의 알렉산드리아(Alexandria)에서는 모든 계층의 사람들이 교회와 집회장에 넘치도록 몰려들었다. 목요일 아침, 그들은 알렉산드리아에서 젊고 부유한 사업가와 머물면서, 늦게 잠들었지만 곧 다시 열심을 냈다. 스미스는 이렇게 기록했다. '하나님께서 강하게 역사하셨다. 영혼들이 회심하였으며 구원을 얻었다…. 많은 사람들이 분명한 영혼의 축복들을 얻었다.' 그의 말은 결코 과장이 아니었다.

금요일, 그들은 약속한대로 에든버러로 돌아갔다. 주최자 중의 한 사람이 '우리가 타고 있는 마차를 만났을 때, 학생들에게 일어나고 있는 좋은 소식들을 전해주었다.' 여기저기서 진정한 부흥에 따르는 모든 징후들이 나타났다. 그 집회는 순간의 반짝임에 끝나지 않았다. 일요일에 회심한 사람들이 월요일에는 친구들을 찾아다녔으며 그들을 그리스도께 데리고 나왔다.

그 날 저녁, 정오의 기도모임과 정찬(후의 짧은 연설이 있었음)이 끝난 후, 스터드와 스미스는 비국교도 교회 신학대학에서 열린 마지막 집회에 참석했다. 그 집회는 아마도 가장 놀라움을 안겨준 집회였을 것이다. 존 톰슨은 6개월 후에 중국내지선교회에서 '결코 그 같은 집회를 본 적이 없다'고 말했다. 집회 중에 많은 사람이 눈물을 흘렸고 집회가 끝난 후에는 3~4백 명이 남았다. 밤 10시 반이 되었는데도 강당에는 "구원을 받으려면 무엇을 해야 합니까?"라고 묻는 사람들로 여전히 가득했다. 위원회의 한 사람은 매니저를 찾아가 임대 시간을 자정까지 연장했다. 그리고 집회가 끝날 때까지 '교수들이 학생들과 함께 어울리고 학생들이 서로 어울리는 영광스러운 모습'을 볼 수 있었다. 스미스와 스터드는 겸손했다. 스미스는 '7~8명의 사람이 회심했으며, 하나님께 당연히 드려야 했던 것들을 드리기 시작했다'고 말할 따름이었다.

뉴캐슬, 맨체스터, 로치데일, 리즈 그리고 안개와 먼지가 많은 북부 도시들을 통과하며, 스미스와 스터드는 그리스도께서 승리하시는 여행을 계속했다. 1월 26일 맨체스터 집회에 대해 스미스는 '매우 영광스러운 집회였으며, 모인 천 명 중 대부분이 젊은이들이었는데 그들은 집회 후 모임까지 남아있었다. 떠나면서는 우리의 손이 다소 아플 정도로 꽉 쥐며 우정을 보여주었다.'고 썼다. '우리는 집회 후에도 큰 모임을 가졌습니다. 마치 다이너마이트가 그들 사이에서 폭발한 것 같았습니다.'

그들이 가는 곳마다 결과는 같았다. 모든 계층의 젊은이들이 그들의 말을 듣기 위해 몰려들었다. 80년대 초 스터드에게 화려한 부와 명예가 있을 때에는 부러움의 대상으로 존경을 받았었다. 이제 영국 최고의 크리켓 선수였던 그의 간증은 그저 그런 연설에 식상한 사람들에게 깊은 감동을 주었다. 청중들은 부름은 받았지만 아늑한 목사관에서 살아가는 나이 많은 사람들로부터는 얻을 수 없는 것들을 스터드와 스미스로부터 얻었다. 세상 사람들이 부러워하는 것들을 포기하였기 때문이었다. 스터드와 스미스는 그 시대를 섬기기 위한 사람들이었다.

그들은 가진 모든 것을 포기했다는 이유로 인해 다른 기독교 사역자들보다 자신들이 더 낫거나, 더 중요한 존재가 아니라는 것을 충분히 알고 있었다. 스터드는 어머니에게 '나는 주님께서 우리를 얼마나 많은 은혜로 축복하셨는지 어머니께 말로 다 표현할 수 없습니다. 우리는 매일 예수님을 아는 지식과 그의 놀라운 사랑 안에서 자라가고 있습니다. 이전에 살았던 나의 인생과 얼마나 달라졌는지요! 크리켓과 라켓, 슈팅 같은 것들은 이러한 압도적인 기쁨에 비하면 아무것도 아닙니다!'라고 썼다.

더욱이 그들의 마음은 80년대 초의 산업 불경기가 한창인 북부지역으로 향해 있었다. 스터드는 이같이 썼다. '많은 대도시에 있는 가난한 사람들을 보면서, 전에 누렸던 사치스런 생활에 대해 나는 두려움을 느꼈습니다. 나의 집에는 많은 양복과 온갖 종류의 옷들이 있었는데, 여기서는 수천 명이 배고픔과 추위에 죽어가고 있습니다. 집에 돌아가면 난 이 모든 것을 팔아버릴 것입니다.'

1월 29일 목요일, 스터드, 스미스, 그리고 래드클리프는 2주일 전에 출발했던 곳으로 되돌아왔다. 그들은 오후 일찍 리버풀에 도착해 래드클리프의 집에서 잠시 휴식한 후, 워털루(Waterloo)에 갔으며 YMCA 마지막 집회에 참석했다. 그 집회도 차고 넘쳤다. 후에 두 사람은 그 날 하룻밤에 60명의 젊은이들이 회심했다고 들었다.

11시 직전에 두 사람은 마차에 뛰어올라 라임 스트리트 역으로 달렸다. 소용돌이치는 여행의 끝을 상징하는 듯, 마차를 끄는 말은 전속력으로 달리다 빗장이 풀려 펨브로크 플레이스에서 전복되었으나 다행히 아무도 다치지 않았다.

해가 뜨지 않은 이른 아침에 이슬비가 우울하게 내리는 런던에 도착했다. 그 날은 그들 각자 집에서 보낸 다음, 1월 30일 금요일 저녁에 에클레스톤홀에서 열리는 중국내지선교회의 마지막 런던 고별 집회에 스미스와 스터드는 다른 사람들과 함께 참석했다. 허드슨 테일러는 이미 그 전 주에 영국을 떠난 상황이었다.

주말에 스미스와 스터드는 브리스톨(Bristol)을 급히 방문하였는데, 이 곳의 콜스톤홀(Colston Hall)은 그들의 말을 듣기 위해 몰려오는 사람들로 북적여 비좁아졌다. 이 때를 제외하고 케임브리지 7인은 항상 함께 있었다. CIM은 케임브리지에서와 옥스퍼드에서의 집회를 주선했으며, 7인의 출발을 하루 연기할 것에 동의했다. YMCA가 스트랜드에 있는 엑세터홀(Exeter Hall)에서 마지막 대중집회를 긴급히 요구했기 때문이었다. 엑스터홀은 역사적인 복음 전도 집회의 장소가 되었으며 최근에 YMCA가 구입하여 수리한 곳이었다.

이 세 집회를 통해 그 사람들에게 7인의 메시지가 깊이 아로새겨졌다. 한 종교신문은 이렇게 질문했다. '대학 8인(케임브리지 조정팀 - 옮긴이)을 이끄는 조정팀의 조타수, 대학 11인(케임브리지 크리켓팀 - 옮긴이)의 크리켓팀 주장, 근위 포병대의 장교, 근위 기병대의 장교 등, 모두가 이미 빛나는 자신의 이름을 포기하고, 세속적인 야망이 가져다 줄 화려한 보상들을 제쳐놓은 채 나란히 단상에 서 있다. 그리고 오직 믿음으로만 볼 수 있는 영광과 보통 사람들이 가진 시야로는 매우 흐릿하게 보이는 상급을 위해 전투에 뛰어들고 있다. 이런 사람들을 본 적이 있는가?' 군중들은 단지 감탄하거나 아첨하려고 오지는 않았다. CMS의 유진 스톡(Eugene Stock)은 "이 빽빽이 들어찬 고별집회에서 가장 강조된 것은 '영성'이었다."고 회상했다. 7인은 겸손함과 담대함으로 자신들에게 역사하신 주님의 선하심과 주님을 섬기는 기쁨에 대해 증거했다. 그리고 설교를 하는 동안 자신들의 선교가 아니라 '주님을 위해' 진심으로 젊은이들에게 호소했다.

케임브리지 7인은 그들의 출생과 훌륭한 솜씨, 그리고 명백한 희생들로만이 아니라, 각자의 다양한 헌신의 과정으로 인해 더욱 사람들의 마음을 사로잡았다. 스미스와 스터드는 예전의 안락했던 생활을 전적으로 거부한 고행자들이었다. 폴힐 터너 형제도 헌신적이었지만 앞의 두 사람에 비하면 과거와 현재의 삶이 현격한 차이를 보이지는 않았다. 세실은 후에 중국 여행을 기술하면서, "스터드는 엄격하게 검소한 생활을 하고 있었다. 그는 어떠한 종류의 안락함이나 가구, 그리고 음식에 있어도 한 순간의 사치조차 허락하지 않았다. 심지어 의자에 등을 기대는 것조차 허락하려고 하지 않을 정도였다. 내 동생 아더는 온화하며 약간은 심미적인 사람이었다. … 나에게는 전의 풍족했던 생활이나 현재의 생활이나 모두 문제되지 않았다. 모든 것이 좋았다. 그래서 우리는 멋지게 잘 어울려 지냈다."고 말했다. 캐슬은 빈민가에서 생활할 만큼 중국의 열악한 지역에서의 사역을 준비했지만, 캐슬과 호스트는 아직 둘 다 까다로웠다.

스미스는 가깝게 지내다보면 애정이 깊고 매력적이었지만, 처음 만난 자리에서는 다소 엄격해보였다. 스터드의 차분함은 그의 격렬한 언어와는 도무지 어울리지 않았다. 비첨은 체격이 장대했고 얼굴 혈색이 좋았으며 어디서나 즐거움을 만들어내는 능력이 탁월했다. 그는 스미스만큼 말을 잘했다. 호스트와 세실은 수줍음이 많았으며 공식 석상에서 연설하는 것을 힘들어했다. 캐슬은 호스트만큼 조용한 성품이었지만 비첨만큼 훌륭한 연설가였으며 여러 면에서 7인 중 가장 성숙했다.

케임브리지에서의 송별집회는 2월 2일 월요일 오후 8시, 길드홀에서 열렸다. <레코드>는 다음과 같이 썼다. '7시 30분이 조금 지나자 그 커다란 홀이 벌써 가득 채워졌다. 바닥, 연주석, 복도까지 발디딜 틈도 없었다. 다수의 대학 관계자들을 포함하여 1,200명 정도가 참석했다.' 의장은 고고식물학자 바빙톤 교수(Professor Babington)였다. 모울은 그를 의장으로 선택한 이유로 "그는 매우 넓은 마음을 가졌으며 그리스도를 사랑하는 모든 사람을 사랑하기 때문"이라고 얘기했다. <레코드>의 논평처럼 그의 참석은 선도적인 과학자의 입장에서 헌신된 영적사업에 대해 확신을 갖고 있다는 소중한 증거였다.

또한 저명한 고전학자이며 총장인 J.H.몰튼(J.H.Moulton)은, 허드슨 테일러의 매제이며 중국내지선교회(CIM) 비서인 벤자민 브룸홀(Benjamin Broomhall)에게, 일곱 사람을 보내는 일은 '그 자체만으로, 뿐만 아니라 대학사회에 끼친 영향에 있어서도 크고 놀라운 것이었다'고 말했다.

바빙톤, 브룸홀 그리고 두 명의 선교사가 연설한 후, 스탠리 스미스가 연단에 섰다. <케임브리지 리뷰>는 이 때를 다음과 같이 기록했다. '스탠리 스미스는 사람들이 깊이 주의를 기울여 들을 수 있도록 열정어린 설교를 했다. 그는 하나님의 위대하신 사랑과 구세주에 대한 그들의 의무에 대해 말했다. 십자가를 지신 그리스도의 사랑만큼 그들의 마음을 사로잡는 것은 없었다. 그 날 밤 그들이 묵상했던 주제는 하나님은 세상을 너무도 사랑하셨다는 것이었다. 그들에게 마음을 넓혀 세계를 품을 것을 호소했다. 우리가 영국에서 발견하는 빛을 널리 전하지 않는다면, 어떤 곳에서도 어둠의 권세에 대항할 수 없다는 인상적인 경고로 그는 끝을 맺었다.'

다음에 비첨이 연설하고, 그 다음에 호스트와 몇몇 사람들이 이어서 연설했다. 각자의 말재주는 사뭇 달랐지만 그들은 여느 때와 같이 단순하게 자신들의 동기와 소망을 얘기하며 시작했다. 그는 주님의 이름과 그 분의 요구하시는 바를 증거했다. 스터드는 종종 그랬던 것처럼, 자신의 부르심에 대한 이야기를 간단히 언급했다. 그는 '이 세상 누구보다도 크리켓을 사랑한다고 믿었지만 훨씬 더 위대한 재산을 소유했다고 느꼈을 때 크리켓을 내려놓을 수 있었다.'고 증거했다. 그리고 '마침내 하나님께 나를 전적으로 드릴 수 있게 되었다.' 그의 마지막 말은 언제나 곱씹을 만하다. '내가 여러분에게 드릴 말씀은 이것입니다. 여러분이 전적으로 그분께 드려지기 전까지, 하나님은 여러분을 사용하실 수 없습니다. 그렇게 드려진 다음에야 비로소 그 분이 여러분에게 원하시는 것이 무엇인지 말씀해 주실 것입니다.'

의장에게 간단히 감사의 표현을 하고 난 후 캐슬의 끝맺는 기도로 위대한 집회는 막을 내렸다. 모울은 이 모임이 '아직도 기억이 생생한 케임브리지 집회들 가운데 가장 성공적인 선교집회였다.'고 느꼈다. 그것은 '사람들의 마음을 이리저리 뒤흔들어 놓았다.' 스미스는 이 집회가 '열광으로 가득한 집회'였다고 했다. 이 열정은 조용하고 영적인 것이었다.

후에 선교사요 주교가 된 가이오(Caius)의 J.C.파딩(J.C.Farthing)은

"그 집회 후에 나는 방으로 돌아와 내가 들었던 말들을 생각해 보았다. 우리는 우리 십자가를 지고 그리스도를 좇아야 한다는 것, 아무리 작은 것일지라도 타협은 있을 수 없다는 것, 우리와 주님 사이에는 아무것도 가로막는 것이 없어야 한다는 것, 우리는 전적으로 그리스도를 위해 존재해야 한다는 것을 깨달았다."라고 말했다.

7인은 옥스퍼드로 갔다. 다음 날 2월 3일 화요일 밤, 그 도시에서 가장 큰 집회장이었던 콘 익스체인지는 사람들로 가득 넘쳐났다. 재학생들은 적었지만 많은 계층이 참석했다. 스미스는 형제들 중 한 명과 송별인사를 하느라 여행이 지체되어서 늦게 도착했다. 7인 모두가 참석한 그 집회는 '거의 비교할 수 없는 관심'으로 평가되었다.

다음 날 아침, 7인은 영국에서의 마지막 날을 보내기 위해 런던으로 돌아왔다. 엑세터홀에서의 마지막 집회의 결과도 의심할 것이 없었다.

IX

꺼지지 않는 불길

IX

꺼지지 않는 불길

'지난 밤, 엑세터홀에서 있었던 집회에 대해 뭐라고 말할 수 있을까요?' 그 집회 다음날, 벤자민 브룸홀은 허드슨 테일러에게 이렇게 편지했다. '이 세대에 그 건물 안에서 이같이 의미 깊고 영적 열매가 풍성한 집회가 열린 적이 있었는지 궁금합니다. 이 집회가 선교운동에 끼친 영향은 지대하며, 헤아릴 수가 없습니다'

그는 계속했다. '이는 정말 위대한 성공이었습니다. 엑세터홀은 모든 곳이 꽉 찼으며, 이름과 지위가 있는 사람들도 붐비는 곳을 비집고 들어온 것만으로 감사하는 모습이었습니다. 선교 사업에 관심 있는 사람들이 만날 때마다 모든 영국인들은 그 집회를 얘기할 것입니다'

저녁 내내 폭우가 쏟아지고 있었다. 타임즈는 '그 시간이 선언되기 오래 전에 그 커다란 홀은 모든 곳이 붐비고 있었다. 홀에 입장하지 못한 많은 사람들을 위해 조그만 홀이 더 필요했다.'고 썼다. 스탠리 스미스는 이렇게 말했다. '큰 홀에는 3천 명 이상이, 작은 홀에는 500명이 넘었다. 게다가 수백 명은 되돌아가기도 했다' 바르나르도

박사(Dr. Barnardo)와 다른 유명한 인물들도 시간 내내 있어야만 했다.

그 집회는 본래 젊은이들을 위해 마련됐지만, 교파를 초월하고 사회 각계각층의 남녀가 참석했으며 스미스의 부모도 거기에 와 있었다. 비첨 부인은 오르간 앞에 자리한 그녀의 딸 옆으로 비집고 들어갔다. 스터드의 어머니는 키네스톤과 그의 아내인, 비첨의 누이와 함께 왔다. 폴힐 터너 부인은 여전히 약간은 못마땅해 하며 세 딸을 데리고 왔다. 단지 캐슬 부인은 올 수가 없었다. 캐슬 부인은 아들 윌리엄에게 이같이 편지했다. "나의 연약한 믿음을 하나님께서 멸시치 않기를 원하며 또한 우리가 서로 이별의 아픔을 나누기보다 하나님의 은혜의 보좌 앞에서 함께 만날 것을 소망하면서 기도하마, 너에 대한 내 마음을 다 말할 수가 없구나."

YMCA의 창설자 조지 윌리엄스가 들어와 의장석에 앉았을 때, 앉거나 서 있을 수 있는 모든 곳에는 사람들로 꽉 차 있었다. 의장석 뒤에 있는 거대한 중국 지도 아래에는 선교사로 헌신한 40명의 케임브리지 대학생들이 있었다. <타임즈>는 '7인이 열을 지어 들어왔을 때, 그들을 환영하는 커다란 열광의 박수갈채가 쏟아졌다.'고 썼다. 종교집회였음에도 불구하고 환호와 박수소리가 계속 울려 퍼졌다. 조지 윌리엄스가 손을 들자 침묵이 흘렀다.

영국 국교회 목사의 기도로 집회가 시작되었다. 홀에는 '주님은 왕이심을 이방에 전하라'는 선교의 노래가 울려 퍼졌다. 모든 사람이 다시 좌석에 앉았다. 이어서 조지 윌리엄스는 이 위대한 일을 기념하는 뜻에서 영국 및 외국의 성서공회를 대표하여 7인 각자에게 중국어 신약 성경을 선물했다. 벤자민 부룸홀은 중국내지선교회(CIM)의 활동에 대해 간단히 말하고, 뒤이어 R.J. 랜들이 케임브리지 7인에 대해 소개했다. 그리고 케임브리지 7인이 차례로 말했다. 비국교도 신문은 다음과 같이 썼다. '그 집회에는 사람들의 피를 뜨겁게 감동시키는 힘이 있었으며, 십자가에 달리신 그리스도의 능력이 강하게 증거 되면서, 약하고 감정적이며 무식한 자들 뿐 아니라 힘있고 교양있는 사람들까지 주께로 인도하기에 충분했다.'

스탠리 스미스가 가장 먼저 그리고 길게 말했다. '흩어 구제하여도 더욱 부하게 되는 일이 있나니 과도히 아껴도 가난하게 될 뿐 이니라'는 잠언 11장을 본문으로, 청중을 매료시키는 놀라운 설교를 전했다. 그는 이 말로 연설을 시작했다. "나는 우리 모두가 좋은 것을 아는 지식을 전해야 할 의무가 있다고 생각합니다. 이는 우리를 영국 밖으로 보내시는 주님의 부르심을 분명히 듣고 순종하는 것을 뜻합니다. 우리는 교리나 이론을 전하기 위해서가 아니라, 살아 계시고 빛나며 현존하시는, 기쁨이신 구세주를 전하러 가는 것입니다. 옛적 사도들과 회심자들은 김빠진 종교가 아니라 복음의 정수를 전하러 나갔으며, 주 예수 그리스도의 사랑이 그들 마음에서 역사하게 하는 것이 얼마나 큰 축복인가를 증거하러 나갔습니다. 친애하는 친구들이여, 이것이 바로 우리가 강조하는 복음입니다. 우리는 이론과 편견에 미친, 욕망의 사슬에 묶인 중국 사람들에게 가서 '나의 형제여 나는 여러분에게 전능하신 구세주를 전하려 합니다.'라고 말하기 원합니다."

스미스의 연설로 청중들은 자신의 책임에 대해 생각하기 시작했다. "새로운 눈으로 세상을 바라봅시다 …. 나는 여러분이 이 사실에 주목하시기를 원합니다. 귀하신 예수께서 우리에게 모든 것 되신다는 이 지식이 여러분 대다수에게 해당되는 것이길 바랍니다. 그리고 이와 함께, 이 세상의 모든 것이 되신다는 것과 수천 수백만의 우리 형제 자매들이 이 사실을 전혀 모르고 있다는 사실도 알려드리고 싶습니다. 우리는 무엇을 하려고 합니까? 결과가 예수님의 이름에 합당하지 않는다면 이 큰 집회가 무슨 소용이 있습니까?"

하나씩 생생한 그림들을 그려나가면서 스미스의 연설은 더욱 불이 붙었다. 마치 실제로 그 홀에서 일어나는 사건인 것처럼, 그는 예수님께서 5천 명을 먹이는 모습과 제자들이 음식을 나누어 주는 모습을 묘사했다. "그러나 여덟 번째 줄의 마지막 사람까지 나누어 주고 그들은 다시 처음으로 돌아갔으며, 앞에 앉은 여덟 줄을 다시 먹였습니다. 그들의 무릎에 떡과 고기를 수북하게 쌓아 놓았습니다 …. 여러분은 우리 주님께서 무슨 말씀을 하셨을 거라고 생각하십니까? 예수님은 이렇게 말씀하셨을 것입니다. 안드레, 베드로, 요한아 너희는 무엇을 하고 있느냐? 너희들은 뒤에 앉아 굶고 허덕이는 무리들을 보지 못한단 말이냐?" 최초의 개신교 선교사인 구두 수선공 윌리엄 케리(William Carey), 아프리카로 건너가 그곳 영혼들을 깊은 사망의 잠에서 깨운 아노트(Arnott), 그리고 리빙스턴(Livingstone)은 지금 많은 사람들과 함께 영예롭게 웨스트민스터 사원에 매장되어 있습니다. 만약 리빙스턴이 살아난다면, 무슨 말을 했겠습니까? 그는 "이

사원 안에 누운 내 육신을 따르지 말고, 내 마음이 누워 있는 아프리카 저 머나먼 곳으로 떠나라"고 말했을 것입니다.

그 당시에는 카르툼의 함락에 대해 알려진 바가 없었지만, 스미스는 고든 장군과 관련된 이야기를 하며 그 시간을 깊은 감동으로 몰아갔다. "고든이 카르툼에서 한 마디만 해도 수백만 파운드가 영국에서 흘러나온다고 생각해 보십시오. 그러나 이보다 훨씬 더 위대한 것이 있으니, 이것은 갈보리 십자가에서 들려오는 그리스도의 음성입니다."

깊은 정적 속에서 그의 열변은 결론에 다다랐다. '그리고 이제 마지막으로 말씀드리겠습니다. 어느 누가 여기에 모인 여러분들을 그냥 두고 떠날 수 있겠습니까? 나에겐 마치, 그리스도께서 여러분 가운데 오셔서 남자와 여자, 젊은이, 중년, 노인들의 얼굴을 보고 계시는 것 같습니다. 그리스도께서는 사랑하시는 여러분 각 사람의 손을 붙잡고, 여러분의 눈을 바라보시며 자기 옆구리의 창 자국을 가리키면서 물으십니다. "네가 나를 사랑하느냐?" 그러면 여러분은 대답하겠지요. "네, 주여 내가 주를 사랑하는 줄 주께서 아십니다." 우리의 사랑은 무엇으로 나타납니까? "네가 날 사랑하면 내 계명을 지키라." 자 그렇다면, 주님은 무엇을 명하십니까? "온 세상에 나가 모든 사람들에게 복음을 전파하라." '

스미스가 연설을 마치고 작은 홀에서 열리는 제 2집회로 빠져 나가는 동안, 비첨이 일어났다. 제2집회에서는 이미 스터드와 몇 사람이 연설을 끝냈다. 비첨은 스미스보다 간단히 말했다. 비첨의 뒤를 이어 호스트가 말했습니다. "나는 내 인생에서 처음으로 이곳에 섰습니다. 그리고 이렇게 많은 분들에게 연설하는 것은 아마 마지막일 것으로 생각합니다." 또한 "하나님께 우리를 신실하게 지켜주시길 기도해 주십시오."라고 부탁했다. 그리고 캐슬이 좀더 길게 말하고 난 후, 세실 폴힐 터너가 섰다. 그는 정식으로 기병대 사임을 통고받지 않았기 때문에 여전히 근위 기병 2연대 소속으로 소개되었다. 빅토리아 시대의 청중들은 기병대의 임무를 신비롭게 여겼다. 그는 '내 영혼을 주님께 맡김으로 가장 큰 평화와 행복을 얻었으며, 여러분 모두가 동일한 체험을 하시기 원합니다'라고 말하며 단지 다섯 문장으로 연설을 마쳤다.

동생 아더 폴힐 터너는 그의 스물세 번째 생일을 맞이하기 3일 전이었는데 그의 형처럼 간단히 연설했다. 그리고 케임브리지 재학생을 대표하여 J.C. 파딩 (J.C Farthing)이 말하였다.

다음으로 C.T. 스터드가 일어났다. '나는 오늘밤 여러분을 나의 주님께 초대하고 싶습니다. 나는 사는 동안 즐거움을 주는 많은 일들을 해보았습니다. 그리고 내가 그분을 발견하게 되었을 때, 감사하게도 가장 위대하신 주님의 뒤를 좇을 수 있었습니다.' 그는 서두르지 않고 꾸밈없이 주님께서 그를 어떻게 찾고 인도하셨는지 얘기했다. 스터드의 꾸밈없고 단순한 이야기는 참석한 모든 남녀에게 그리스도를 향한 강한 도전을 주었다.

그는 결론을 맺기 시작했다. '여러분은 실제로 무엇을 위해 살아가고 있습니까? 여러분은 그날그날을 위해 살아갑니까? 아니면 영원한 생명을 위해 살아갑니까? 여러분은 여기 있는 사람들의 의견을 좋아합니까? 아니면 하나님의 의견을 좋아합니까? 우리가 심판의 보좌 앞에 나아갈 때 인간들의 의견은 우리에게 많은 도움이 되지 못할 테지만 하나님의 의견은 그렇지 않을 것입니다. 우리는 사람의 말보다 하나님의 의견과 말씀을 더욱 우선하여 선택하고 있습니까? 묵묵히 그 말씀에 순종하고 있습니까?'

두 시간 이상이 지났다. 비국교도 휴 프라이스 휴즈(Hugh Price Hughes)가 끝맺는 연설을 할 차례였는데, 그는 의장에게 인사하고 시간이 너무 늦었기에 그의 연설을 생략하자고 제안했다. 그러나 청중들은 전혀 피곤한 기색이 없었다. 의장 조지 윌리엄스는 계속 진행하라고 했으며, 휴즈는 7인과 중국내지선교회 그리고 그들 자신을 하나님께 헌신하려는 모든 사람들을 격려하는 말로 집회를 끝맺었다. 그는 "여기 참석하신 모든 분들이 이제 나아와 하나님께 자신들을 산 제물로 바친다면, 얼마나 놀랍고 선한 능력을 이루겠습니까! 이 집회에는 런던과 영국뿐만 아니라 온 세계를 감동시킬 만한 충분한 능력이 있습니다."라고 예언적인 말을 덧붙였다.

청중들은 일어났다. 마지막 기도가 끝난 후, 오르간의 연주로 모차르트 곡에 프란시스 리들리 하버갈의 가사를 붙인 헌신의 노래가 울려 퍼지면서 홀 전체가 그들이 듣고 느낀 감동으로 가득찼다. 구절구절이 더욱 감동적이었으며, 온전한 헌신을 다짐하는 클라이맥스에 이르렀다.

"주여, 나의 사랑을 받으소서.

나의 보화를 주의 발 앞에 붓나이다.

나의 모든 것 받으소서.

내가 평생토록 주님만을 위해 살겠나이다."

다음날 아침 1885년 2월 5일, 9시 30분 직후에 7인은 빅토리아역에 서 있었다. 많은 친척들과 친구들이 나와 있었다. 비첨 부인과 키네스톤 스터드 내외는 칼라이스까지 동행할 참이었다. 스터드는 M.C.C.팀의 여러 사람에게 인기였다.

그날 아침이 지나서 고든이 죽었다는 소식을 듣게 되었다. 그들은 이런저런 대화를 나누었고 지난 밤 일들을 회상하면서 서로에게 마지막 인사말을 전했다. '정말 감격적인 시간입니다' 스탠리 스미스가 말했다. '내가 이렇게 떠날 수 있을 거라곤 믿지 못했거든요'

객차의 문이 닫히고 신호가 울리자, 10시에 보트 트레인은 서서히 빠져나갔다. 케임브리지 7인은 도버와 칼라이스, 브린디시, 수에즈, 콜롬보를 거쳐 중국으로 가는 길이었다.

X

에필로그

—

에필로그

케임브리지 7인은 1885년 3월 18일 상하이에 도착했다. 아직 중국 땅에 발을 들여놓기 전이었지만, 배 위에서, 항구의 집회에서 그리고 국제 거주지에서도 그들의 영향력은 고국에서와 마찬가지로 놀라웠다. 그들은 분량에 넘치는 그 모든 영광을 그리스도께 돌렸다.

영국에서 그들의 영향력이 점차 커지고 관심이 높아졌다. 벤자민 브룸홀은 이렇게 기록했다. '일주일이라는 짧은 시간 안에 중국내지 선교에 대해 예상치 못 했던 관심이 생겨났고 심지어 인기도 얻었다.' 7인 송별집회를 기록한 「차이나 밀리언」(China's millions)[1] 사본이 5천 부나 팔렸다. 일 년 후 브룸홀은 이들 기록과 7인의 편지들, 세계 전역의 선교지에 대한 많은 문제점들을 수집하여 「선교사단」(A Missionary Band)을 편집했으며, 이 책은 곧 베스트셀러가 되었다.

에든버러에서 잇따라 열린 복음전도 집회의 의장은 과학자 드러

1_중국 내지선교회(CIM)의 잡지

먼드 교수(Professor Drummond)였는데, 그는 '점점 더 많은 사람들이 전도 집회로 모여 들었다.'고 이야기했다. 교수들이 인도하는 학생 단체가 스코틀랜드를 가로지르며 복음을 전했고, 부흥은 대학과 마을에 퍼져나갔다. 1886년, 젊은 청년이었던 신학자 데이빗 케언스(David Cairns)가 해외에서 6년 만에 돌아왔다. 그는 당시 모든 분위기가 변했으며 신학대학들이 넘쳐나는 것을 보았다. 케임브리지에서 핸들리 모울(Handley Moule)은 리들리홀에서 사람들에게 선교현장의 요구를 끊임없이 역설하는 것이 자신의 의무라고 여겼다. 그렇게 해서 아직 복음화되지 않은 땅끝에서 주님을 섬기고자 하는 열망은 거의 일반적인 일이 되었다.

미국에서의 관심도 마찬가지였다. 1885년 여름, J.E.K. 스터드는 무디의 초청으로 미국 대학을 방문했으며 케임브리지 7인의 한 사람으로 큰 환영을 받았다. 스터드의 방문과 「선교사단」의 전국적인 순회 여행은 1886년 메사추세츠에서 열린 헤르몬 산 집회에서 「학생자원모임」(Student Missionary Volunteers)을 형성하는 데 직접적인 영향을 주었다. 7인의 영향으로 열정에 불탄 로버트 와일더(Robert Wilder)와 R.S 포먼(R.S. Forman)은 그 해 가을 미국 대학들을 여행하며, 일년에 2천 명이 넘는 선교사 지원자들을 발굴해냈다.

로버트 와일더는 1891년에 지원자 운동을 영국으로 확대시켰다. 따라서 1892년 초에 형성된 영국 학생지원자모임(Student Volunteer Missionary Union of Great Britain)을 통해, 케임브리지 7인은 기독 학생운동의 조상이 된 셈이며, 그 후에 생겨난 IVCF(미국)의 시조격이었다. 이 둘은 국제 복음주의학생연합(International Fellowship of Evangelical Students)을 세웠고, 케임브리지 7인 결성 100주년이 되던 해에는 세계 100여개국의 대학생들이 연결되었으며 중국인 그리스도인이 사무총장으로 봉직하였다.

케임브리지에서 7인의 명성은 결코 줄어들지 않았다. 그들은 1955년에 70주년 기념행사는 기독인연합으로 하여 해외에서 주님을 섬길 '케임브리지 70인'을 위해 기도해야 한다는 영감을 주었다. 그 세대에서 실제로 거의 70명이 떠났다.

케임브리지 7인 중 누구도 뒤돌아보지 않았으며, 그들 자녀들 중 (케임브리지 7인은 모두 결혼했다) 상상수는 그들의 시대에 선교사가 되었다.

7인의 길은 서로 갈렸다. 윌리엄 캐슬은 목회의 은사를 계발하여 처음에는 산시성에서 사역하다가 후에는 서부에서 섬겼다. 36세이던 1895년, 첫 번째 휴가기간을 이용해 그는 중국 서부의 새 교구에서 감독으로 안수 받았다. 7인 중 가장 먼저 하나님 품으로 간 그는 1925년에 죽을 때까지 거의 그곳에서 사역했다.

스탠리 스미스와 C.T. 스터드는 둘 다 1931년에 죽었다. 스미스는 일생을 중국 북부에서 보냈는데, 그는 외국어에 능통했으며, 영어만큼 중국어로도 유창하게 설교했다. 그는 불신자들의 최종 운명에 대하여 다른 동료들이 받아들이기 어려운 견해를 주장했기 때문에, 1902년 CIM을 떠났다. 나이 많은 허드슨 테일러는 그가 선교회에 계속 남아 있기를 원했을 것이다. 그리고 그 논쟁은 관용의 정신으로 논쟁이 계속되었다. 그 이후에 스탠리는 무소속으로 산시성 동부에서 일했다. 공식석상에서는 그의 이름이 잊혀졌지만, 아들 제프리 스탠리 스미스는 아프리카 동부의 르완다에서 의료 선교사로 널리 알려졌다.

몇 년 후 스탠리는 심한 시련과 실망을 참아내고, 끝까지 전도와 가르치는 일을 계속했으며 죽기 전날까지 자신의 일기를 기록했다. 1931년 1월 31일에 츠쩌우(Tse—chow)에서 그의 삶을 마감했다.

C.T. 스터드는 7인 가운데 그 후의 인생이 가장 잘 알려져 있다. 그의 용기와 인내는 누구도 말릴 수 없었다. 1887년, 오직 믿음으로 살기로 결단한 후 그는 자신의 모든 재산을 헌납했다. 어머니와 가족들은 처음엔 반대했지만, 그가 결혼하여 4명의 딸들을 두자 자녀들의 교육비를 대주었다.

1894년, 건강이 악화되어 스터드와 그의 아내는 중국을 떠났으며 다시 돌아가지 못했다. 인도에서 6년 후에 그리고 영국과 미국에서의 일정한 기간에 선교사역에 대해 많은 연설을 했다. 1910년, 스터드는 자신의 질병과 주위의 비판 그리고 가난을 무시하고 개척을 위해 아프리카 열대지방 깊은 곳으로 출발했다. 그의 사위이며 동료인 알프레드 벅스턴은 'C.T. 스터드의 인생은 안일한 기독교를 영원히 책망하며 견고한 요새처럼 서 있다.'고 썼다. 스터드의 믿음을 통해 '아프리카 심장 선교회'(Heart of Africa Mission — WEC의 전신)와 'WEC 국제선교회'(Worldwide Evangelization Crusade)가 생겨났다.

몇 년 후에 그는 논의의 여지가 있는 인물이 되었지만, 그 무엇도 그리스도의 증인 C.T. 스터드의 광채를 손상시키지는 못했다. 1931년 7월 16일, 스터드는 콩고의 아이밤비(Ibambi)에서 죽었으며, 천 명이 넘는 아프리카인들이 그의 장례식에 참석했다. 그의 사위 노먼 그러브(Norman Grubb)가 쓴 전기를 통해 그의 이야기는 세계 전역에 알려졌다.

폴힐 터너 형제의 삶은 그다지 많은 사람들의 이목을 끌지 못했다. 아더 폴힐(그들은 가족 이름을 생략했다.)은 7인과 합류하기 위해 신학과정을 마치지 않고 떠났었다. 이 때문에 1888년 중국에서 안수를 받았다. 10년 동안 그는 북부 쓰촨 성의 빠조우(Pach—ow)에서 살았으며, 그 후에 그 지방의 다른 선교기지로 옮겨 인구가 조밀한 지방에서 전도 활동의 기반을 삼았다. 1928년, 66세의 나이로 은퇴할 때까지 '의화단의 난'과 1911년의 혁명 내내 그는 중국에 머물렀다. 그 후 그는 잉글랜드 남서부의 하트퍼드셔(Hertfordshire) 주에서 전원생활을 하다 1935년에 죽었다.

세실 폴힐은 산시 성에서 곧 북서쪽으로 옮겨 티벳의 출입금지 지역에 정착했다. 그는 깐수(Kansu)에 있는 티벳인들과 같이 친해지게 되었으며 여행자들을 통해 달라이 라마를 만나기도 했다. 그 후 남쪽으로 이동하여 쓰촨 성 서부에 있는 티벳의 경계지, 성판(Sungpan)에 머물렀으며, 1892년의 격렬한 폭동에서 세실과 그의 아내는 거의 생명을 잃을 정도가 되었다. 영국을 방문하여 건강을 회복한 후, 중국으로 돌아오기 전까지 그들은 거의 1년을 인도의 티벳 경계지역에서 보냈다. 그리고 다시 그들은 중국의 티벳 경계지역으로 갔다. 1900년 '의화단의 난'이 일어나 모든 다른 선교사들과 함께 해안으로 철수하였을 때, 세실 폴힐은 지병으로 고국에 귀환했으며 의사들은 다시 중국에 돌아가지 않도록 금했다. 1903년, 그는 하우베리홀을 상속받았으나 마음은 중국에 있었으며 그는 선교지를 일곱 번 방문했다. 그는 '주님께서 우리를 꺼지지 않는 횃불이 되게 하시며, 우리의 메시지가 아무리 냉대를 받더라도 그 불은 계속하여 타오르기를' 기도했다. 그는 1938년 80세의 나이로 하우베리에서 죽었다.

비첨은 순회 설교가였다. 그는 힘든 전도여행을 좋아했다. 한번은 허드슨 테일러와 함께 "극도의 더위 속에서 시장이 서는 마을과 동네들을 천 마일 정도 걸어 다니며 중국의 여관에서 묵었고 군중들에게 매일 복음을 전하였다." 그는 언제나 커다란 글씨로 '회개하라 천국이 가까웠느니라'고 쓴 두루마리나 또는 커다란 야자 잎 부채를 지팡이에 붙이고 다녔다.

그의 맏형은 자신에게 아들이 없으므로 노포크 소유지를 경영하는 일을 도우러 온다면 재산을 풍성히 나누어 주겠다고 제안했지만 비첨은 이를 거절했다. 그는 1900년의 '의화단의 난' 당시 철수했다가 1902년에 다시 중국에 갔으며, 1911년 최종적으로 영국에 돌아오기까지 거기서 머물렀다.

영국에서 안수를 받고 교구에서 일한 지 몇 년 후, 그는 1차 세계 대전 당시 이집트와 그리스에서 종군목사로 봉사했으며, 전쟁이 끝날 무렵에는 북러시아의 무르만스크(Murmansk)에서 선임 종군목사로 사역했다. 그의 둘째 형과 그의 큰 아들이 같은 날에 갈리폴리에서 전투 중에 사망했기 때문에, 그는 준 남작의 지위를 상속받았다. 1929년, 비첨은 중국을 다시 방문했고 그의 둘째 아들은 중국에서 중국내지선교회(CIM)와 함께 일하기 시작했다. 1935년, 그는 변함없이 강하고 지치지 않는 몸으로 다시 대규모로 여행했다.

1939년 79세가 되었을 때, 그는 육로를 통하여 프랑스령 인도차이나를 거쳐 하노이를 경유, 중경에 이르는 선교사 모집에 참석했다. 그러나 그는 이미 암으로 고통받고 있었으며, 마침내 1939년 10월, 아들의 선교지인 빠오닝(Paoning)에서 죽었다.

D.E. 호스트는 유명한 목회자 스(Hsi)와 함께 산시성에서 1896년까지 일했다. 호스트는 온화할 뿐만 아니라 지혜로운 기도의 사람이었다. 1901년, 그는 CIM의 실행 총재로 임명받았으며, 1903년에는 허드슨 테일러를 계승하여 CIM의 총재가 되었다. 그는 비록 신문의 헤드라인을 장식하는 유명 인물은 아니었지만 뛰어난 선교 정치가였으며, 30년 이상 선교회를 이끌었다. 그가 선교회를 맡을 당시에는 716명이 활동했는데 혁명과 내란 그리고 외세배격의 열풍에도 불구하고, 그의 퇴임시에는 1,326명까지 늘어났다.

호스트는 상하이에 머물러 있었으며 1944년에는 일본인들에게 구금되기도 했다. 1945년 10월, 나이 들고 쇠약해져 중국을 떠나기까지 60년 이상을 그는 중국에서 봉사했다. 1946년 5월, 그는 케임브리지 7인 중 마지막으로 런던에서 세상을 떠났다.

시간이 흐르며 케임브리지 7인의 삶은 잊혀졌지만 그들은 기독교

교회의 의식 속에 남아 있을 것이다. 귀족사회 시대에서 그들은 사회적 배경과 신체적인 재능을 기반으로 많은 청중들에게 호소할 수 있었다. 또한 당시는 공식적인 조정경기가 처음으로 인기를 구가할 때이기도 했다. 계층을 구분 짓는 형식적인 경건을 거부함으로써 그들은 대중들에게 사랑을 받았다. 종교는 여전히 대중들에게 존재의 핵심이었다.

후세대는 케임브리지 7인이 살았던 시대의 결점들을 찾아낼 수 있다. 그들은 자신들의 생계를 위해 교육적인 성취에 의존할 필요가 없었기 때문에, 학자가 되는 일은 없었다. 1880년대 대부분의 다른 대학생들과는 달리 진지하게 학문을 할만한 이유도 찾지 못했다. 그들에게 사회적 양심이 없었던 것이 아니라 사회 갱신의 이론들이 거의 알려지지 않았기 때문에 지나친 가난이나 지나친 부를 당연한 것으로 여겼을지도 모른다는 것은 이상한 일이 아니다. 또한 그들이 말과 행동을 자유롭게 할 수 있는 시대에서 살았던 것처럼 보인다면 그들은 다채롭고 풍성한 시대에 살았다.

그러한 비판이 있을지라도, 그들의 빛나는 희생, 그리스도의 부르심에 대한 전심전력의 헌신, 자신들이나 다른 사람들 안의 겉만 번지르르한 영적 상태에 대한 불관용, 그리고 복음을 듣지 못한 해외의 수백만 사람들에게 복음이 급히 전해져야 한다는 그들의 깨달음들은 함께 평가되어야 한다. 그리고 특히 그 누구도 천재는 아니었다는 사실을 생각하자. 이는 평범한 사람들의 이야기이기 때문에, 서구 뿐 아니라 1세기 전에는 선교지였지만 이제는 스스로 선교사를 파송하는 나라들에서 되풀이될 수 있는 이야기이다.

예수 그리스도의 복음은 불변하며 그분의 부르심도 불변한다. 케임브리지 7인은 자신들의 부르심을 어떻게 들었는지를 보여준다. 그것은 '눈을 들어 밭을 보라 희어져 추수하게 되었도다.'는 주님의 말씀에 대한 응답이다. 그것은 헌신에 대한 답변이며, 무엇보다도 열매 맺는 봉사에 앞서 온전한 사람으로 자신을 헌신하라고 부르시는 것이다.

케임브리지 7인의 메시지는 1885년부터 계속 메아리쳐 전해온다. "여러분이 전적으로 그분께 드려지기 전까지, 하나님은 여러분을 사용하실 수 없습니다. 그렇게 드려진 다음에야 비로소 그분이 여러분에게 원하시는 것이 무엇인지를 말씀해 주실 것입니다."

The Hudson Taylor Papers
(Archives of the China Inland Mission-Oversees Missionary Fellowship)

The Diaries of Stanley Smith, 1879-85.

Arthur Polhill-Turner's Diary, 1884-5.

Two Etonian's in China,
unpublished reminiscences of Cecil and Authur Polhill.

Letters and Papers of Sir Montagu Beauchamp. Bt.

Bishop Cassels, by Marshall Broomhall_C.I.M., 1926.

D.E. Hoste. by Phyllis Thompson_C.I.M., 1948.

C.T. Studd: Cricketer and Pioneer
_ by Norman Grubb, Lutterworth Press, 1933.

A Missionary Band_edited by B. Broomhall, Morgan & Scott, 1886.

Hudson Taylor and the China Inland Mission
_by Dr. and Mrs. Howard Taylor, C.I.M., 1918,

A Cambridge Movement_by J.C. Pollock, John Murray, 1953.

Hudson Taylor and Maria_by John Pollock, John Murray, 1953.

Hudson Taylor and Maria
_by Jhon Pollock, Hodder and Stoughton, 1962,
  Reissued Kingsway 1983(Zondervan in USA)

Moody without Sankey
_by Jhon Pollock, Hodder and Stoughton, 1963,
  Reissued 1983. (Moody Press in USA)

Hudson Taylor and China's Open Century
_by A. J. Broomhall, 6 volumes,
  Hodder and Stoughton and Overseas Missionary Fellowships, 1981

A Passion for the Impossible, The Centenary History of the China Inland
Mission_by Leslie Lyall, Hodder and Stoughton, 1965.

ESF는 기독대학인회로
Evangelical Student Fellowship 약어입니다.

사도행전 1장 8절에서 선포되고 있는
예수님의 지상명령에 근거하여
캠퍼스복음화를 통한 통일성서한국, 세계선교를
주요목표로 삼고 있는 초교파적 선교단체입니다.

 ESP는 Evangelical Student Fellowship Press의 약어로
기독대학인회(ESF)의 출판부입니다.

ESP(기독대학인회 출판부)는 다음과 같은 마음을 품고 기도하면서 일하고 있습니다.

첫째, 청년 대학생은 이 시대의 희망입니다.
둘째, 하나님 말씀인 성경을 사랑합니다.
셋째, 문서사역을 통하여 성경적 세계관을 정립해 나갑니다.
넷째, 문서선교를 통하여 총체적 선교에 도움을 주고자 합니다.

기독대학인회(ESF)
주소 : 01081 서울시 강북구 덕릉로 77 (수유동 47-68)
전화 : 02) 989 – 3494 **팩스 :** 02) 989 –3385
홈페이지 www.esf21.com **이메일 :** esfhq@hanmail.net

기독대학인회 출판부(ESP)
전화 : 02) 989 – 3476 – 7 **팩스 :** 02) 989 – 3385
이메일 : esfpress@hanmail.net

omf

1865년 허드슨 테일러가 중국대륙의 복음화를 위해 중국내지선교회(CIM)를 설립하였다. 1951년 중국 공산화로 인해 중국에서 철수하면서 본부를 싱가폴로 옮기고 동아시아 선교의 문을 열었다. 1964년 명칭을 CIM에서 OMF(Overseas Missionary Fellowhip)로 바꾸었다. 불교, 이슬람, 애니미즘, 샤머니즘 등이 가득한 동아시아의 복음화를 위해 사역해왔으며, 각 지역 교회와 함께 예수 그리스도가 구세주이심을 선포하고 있다. 초교파 국제선교단체로 복음적인 기독단체와 연합하며 모든 문화와 종족을 대상으로 사역하고 있다. 세계 30개국에서 파송된 1300여명의 선교사들이 동아시아 18개국의 신속한 복음화를 위해 섬기고 있다.

OMF 사명

동아시아의 신속한 복음화를 통해 하나님을 영화롭게 하는 것이다.

OMF 목표

하나님의 은혜를 통하여 동아시아의 모든 종족 가운데 성경적 토착교회를 설립하고, 자기종족을 전도하며 타종족의 복음화를 위해 파송되는 것을 목표로 한다.

OMF 사역 중점

우리는 미전도 종족을 찾아간다.
우리는 소외된 사람들에게 관심을 갖는다.
우리는 복음을 전하는 일에 주력한다.
우리는 현지 지역교회와 더불어 일한다.
우리는 국제적인 팀을 이루어 사역한다.

OMF International–Korea

홈페이지 www.omf.co.kr.
이메일 omfkr@omf.net